음식의 별난 역사

A CURIOUS HISTORY OF FOOD AND DRINK
Copyright © 2013 Ian Crofton
All rights reserved

Korean translation copyright © 2015 by LEMON CULTURE
Korean translation rights arranged with Quercus Editions
through EYA (Eric Yang Agency).

이 책의 한국어판 저작권은 EYA (Eric Yang Agency)를 통한
Quercus Editions 사와의 독점계약으로 레몬컬쳐가 소유합니다.
저작권법에 의하여 한국 내에서 보호를 받는 저작물이므로
무단전재 및 복제를 금합니다.

─◈◎ 한 권으로 맛있게 즐기는 음식 교양서 ◎◈─

이안 크로프톤 지음 / 김시원 옮김

LEMON CULTURE

들어가는 글

 인류가 최초로 불을 이용해 요리를 한 정확한 시점에 대해 알 수는 없지만 여러 정황으로 보아 200만 년 전이라고 추정된다. 그러나 그 이전에도 날고기나 생선, 곤충, 과일, 견과류, 버섯 등 다양한 야생의 재료를 보다 맛있게 먹기 위한 나름의 노력을 했을 것이다. 식탐이나 무지로 인해 탐스러운 독딸기나 독버섯을 먹은 사람들도 있었을 것이다. 이들의 '영웅적'인 희생은 인류에게 매우 유용한 본보기가 되었다.

 인류는 점차 '먹을 수 있는 것'에서 '인간의 음식'으로 발전시키기 시작했다. 즙이 가득한 꿀개미, 바삭한 왕풍뎅이 유충, 초콜릿을 바른 매미 등의 기이한 식재료를 이용한 요리가 이 책에서 소개되고 있다. 하지만 인류는 점차 곤충이나 유충을 '인간의 음식'에서 제외시켰다. 물론 로마인들은 암퇘지나 소의 유두, 토끼 태아부터 꿩이나 홍학의 뇌와 같은 별난 요리를 즐겨 먹었지만 오늘날에는 도축한 고기의 모든 부위를 먹는 경우는 매우 드물다. 예를 들어 영국의 새무얼 피프스가 즐겨 먹던 소의 유방 요리나 동물의 고환을 이용한 요리 등은 일부 지역에서만 볼 수 있는 매우 희귀한 요리가 되었다.

우리의 선조들은 코끼리, 기린, 하마, 다람쥐 심지어 여우까지 눈앞에 보이는 것은 닥치는 대로 먹으려고 했을 것이다. 이들의 영양학적 가치를 무시할 수는 없겠지만, 한때 별난 미식가들에게 사랑을 받던 톱밥이나 잔디, 빅토리아 호수의 진흙과 같은 '식재료'가 모두 영양가가 풍부한 것은 아니었다.

이 책에서는 별난 요리뿐만 아니라 기이하면서도 호화스러운 연회 장면을 묘사한 다양한 문헌을 소개한다. 《트리말키오의 향연》에서는 '와인에서 헤엄치는 물고기'에 대한 기록을 엿볼 수 있다. 16세기 볼로냐 시인의 《굶주린 이를 위한 연회》에서는 파리머리 파이, 박쥐 다리 젤리, 봄 개구리 내장 스튜 등의 기상천외한 요리가 나오기도 했다.

또한 치킨 마렝고, 스페니쉬 오믈렛, 샌드위치, 자허토르테(역자 주 : 초콜릿케이크), 투네도스 로시니(역자 주 : 안심과 푸아그라 요리) 등 다양한 요리의 기원과 일화에 대해 소개한다. 로마 시대에 즐겨 먹던 발효 앤초비 소스, 2차 세계대전 이후 쌀가루를 이용해 만든 가짜 생선 요리, 입에서 불을 뿜는 공작 요리, 12세기 인도인들이 즐겨먹던 들쥐 구이 요리 등 다양한 별난 요리의 레시피도 함께 소개된다. 한 가지 분명하게 밝히고 싶은 점은 본인은 이 책에 소개된 요리를 절대로 직접 만들어 먹어본 적이 없다. 이 책에 나오는 기이한 레시피를 따라 하는 것은 독자의 자유이나 이에 따른 책임은 전적으로 독자 스스로에게 있다는 점을 명심하길 바란다.

《음식의 별난 역사》에서는 음식의 역사에서 중요한 인물들에 관해 배울 수 있다. 폭식을 죄악으로 정의한 그레고리 교황 1세, 죽의 5가지 효능에 대해 알린 석가모니, 아스파라거스를 싫어한 벤저민 프랭클린, 안토니오와 사치스러운 연회 내기를 한 클레오파트라, 아티초크 여왕으로 뽑힌 마릴린 먼로와 모유 아이스크림에 반발한 레이디 가가에 이르기까지 다양한 인물들을 이 책에서 소개하고 있다.

프랑스의 저명한 미식가 브리아 샤바랭은 "새로운 요리를 발견하는 것은 새로운 행성을 발견하는 것보다 더 즐거운 일이다"라는 명언을 남긴 바 있다. 음식을 사랑하는 모든 사람을 위해 탄생한 이 책은 요리에 대한 새롭고 별난 이야기를 들려줄 것이다. 만약 당신이 샤바랭의 '음식의 즐거움을 모르는 자의 외모 정의'에 나오는 것처럼 '얼굴과 눈, 코가 길고 늘어진 느낌의 이목구비'를 지니고 있다면 아마 이 책이 별로 흥미롭지 않을 수도 있다. 이 책은 맛있는 음식을 배불리 먹고 의자에 기대 벨트를 푸는 순간의 행복함을 아는 이들, 바로 이들을 위해 쓰인 책이다.

이안 크로프톤

contents

006 들어가는 글

Chapter 1 선사시대
최초의 별난 요리들

018 최초의 요리사들 / 뼈에 남겨진 칼자국 • 019 하마 수프 – Recipe 하마 수프 레시피 • 020 최초의 국수 / 초콜릿의 역사

Chapter 2 고대시대
별난 음식의 기원

026 감초의 역사 / 비너스의 수프 • 027 죽의 다섯 가지 효능 • 028 아랍의 펫테일양 • 029 독꿀 • 030 악명 높은 스파르타의 검은 죽 / 극도의 다이어트 • 031 맛있는 유충 / 시나몬의 유래 • 032 단계적 채식주의 선포 / 자극적인 맛을 사랑한 로마인들 – Recipe 발효된 생선 내장 요리 • 034 아유르베다식 다이어트 • 035 신성한 소 • 036 사치금지법 • 037 소금 구매비 / 사치 수준 유지의 중요성 • 038 '병아리콩'이라 불리던 로마 귀족 • 039 당나귀 우유 목욕 • 040 안토니우스와 클레오파트라의 내기 – Recipe 앤초비 캐서롤 • 042 너그러운 법 / 네로와 브리타니쿠스 • 043 트리말키오의 향연 • 044 미네르바의 방패 / 비트의 효능 • 045 무화과를 잔뜩 먹인 암퇘지 • 046 섬뜩한 연회 • 047 로마인의 연회

Chapter 3 중세시대

음식과 관련된 별난 역사

050 폭식의 정의 • 052 말고기 식용을 금지한 칙령 / 악귀를 물리치는 마늘 / 주먹질이 오가는 아일랜드 연회 • 053 칼디와 커피콩 • 054 오염된 호밀 • 055 살인 황소 식용 금지법 / 수수께끼 / 남편들을 위한 처방 • 056 베이컨과 부부싸움 – Recipe 들쥐 구이 • 058 칠성장어 과다 섭취 – Recipe 소스를 뿌린 칠성장어 • 060 마늘의 부작용 / 페퍼콘으로 집세를 낸 영국 • 061 파스타의 전파 • 063 런던의 공공 식당 • 064 따개비기러기는 새일까, 따개비일까? • 065 교양 있게 트림하는 법 • 066 중세식 장난 • 067 집중력 향상을 위한 방법 • 069 타파스의 기원 / 올바른 식사예절 • 071 생명수 / 개비스턴의 포크 • 072 산돼지 머리 축제 • 074 프렌치토스트의 유래 – Recipe '가난한 기사단' 토스트 • 075 그라브락스의 유래 • 076 파이 재굽기 금지법 • 077 파마산치즈 산 • 078 식음전폐로 죄를 사면 받은 여인 • 079 백조 피로 요리한 백조 요리 – Recipe 황금 돼지 위에 올린 황금닭 요리

Chapter 4 15세기

새로운 음식의 발견

082 천 년 된 달걀 / 판의 효능 • 083 클레프티코의 탄생 – Recipe 대주교의 연회 • 085 요리에 있어서만은 질 수 없다 – Recipe 허영심 많은 공작새 • 087 교황의 사인 – 멜론 과다 섭취 • 088 애솔 브로즈의 기원 • 089 콜럼버스의 발견

Chapter 5
16세기

별난 음식의 전파

092 버터 타워 / 칠리의 전파 – *Recipe* 빈달루 : 포르투갈식 커리 • 094 코니시 패스티의 유래 • 096 파네토네가 바바가 되기까지 / 음식 때문에 인도 정복을 후회한 왕 • 098 빵과 마늘만 먹은 후작 부인 – *Recipe* 르네상스의 연회 • 100 비너스와 아티초크 / 루터의 배 • 101 잭 호너와 플럼파이 • 102 무화과의 효능 / 영국의 음식 1. 영국인을 정의하다 • 103 갈매기 요리 / 예술가의 연회 • 105 황제의 소시지 • 106 웨일즈 토기 / 피자 이전의 피자 • 107 칠면조가 '터키'가 된 이유 • 108 브랜디의 탄생 / 카빙도 예술이다 / 모든 이에게 닭고기를! – *Recipe* 굶주린 이들을 위한 연회 • 110 감자 • 111 거대한 술통 • 112 취하지 않는 방법 • 113 브라운 배스타드 / '커리'의 탄생

Chapter 6
17세기

미식가들을 위한 별난 음식

116 커피의 유래 / 신의 음료 • 117 황제를 위한 신성한 물 – *Recipe* 프랑스식 비둘기 요리 • 119 예루살렘 아티초크의 부작용 / 입 냄새를 없애는 단계적 방법 • 120 민스파이와 플럼푸딩 / 베이컨과 율법 • 121 뼛가루가 들어간 맥주 / 런치의 변천 • 122 아스파라거스의 최음 효과 • 123 서로인 스테이크에 관한 잘못된 이야기 / 진의 탄생 • 124 샤프란을 싫어한 공작 – *Recipe* 네덜란드의 장례식 • 125 소 유방 요리 – *Recipe* 올리오 포드리두 • 127 용기 있는 남자 / 브랜디 vs. 진 / 밤 • 128 전염병을 물리치는 양파 – *Recipe* 몬머스의 화이트 수탉 요리

• **130** 별을 마시다 / 총비(寵妃)의 복수 – *Recipe* 달팽이와 지렁이 요리 •
132 완벽주의자의 최후 • **133** 초록색 치즈 / 커피 반대 운동 • **134**
하루에 차 200잔 / 연어 이야기 • **135** 뼈 요리 기계 • **136** 크로와
상 • **137** 테이블에서 침 뱉지 말 것 / 스탠퍼드셔의 놀라운 이야기 •
138 술에 관하여 • **139** 기운을 북돋우는 산패 생선 – *Recipe* 숙취 해
소제 • **140** 피크닉의 기원 / 피를 나눈 형제 • **141** 고환과일 / 바비큐
의 기원 • **142** 죄를 먹는 자 – *Recipe* 물푸레나무 익과(翼果) 피클 요리

Chapter 7
18세기

음식에 대한 별난 예찬

146 베사멜소스의 기원 / 오르되브르의 유래 / 양의 배설물 금지 –
Recipe 만주-한 제국의 향연 / 골든 코디알 레시피 • **148** 겸손한 제안 • **150**
물고기는 세 번 헤엄을 쳐야 한다 / 영국의 로스트비프 – *Recipe* 심령술
로 요리하기 • **153** 진조령 • **154** 괴혈병 • **155** 지방 과다 섭취 주의
• **156** 신의 계시 • **157** 프랑스식 달걀 요리 – *Recipe* 토끼 구이 • **158**
파르망티에와 감자 • **160** 무릉도원 / 프랑스의 폼프리츠가 미국의
프리덤 프라이가 되기까지 • **161** 스코틀랜드의 요리를 모욕한 존슨
박사 • **162** 마요네즈의 탄생 • **163** 차 - 모든 불행의 근원 – *Recipe*
간단한 요리 • **166** 음악과 음식에 대한 사랑 1. 2인분을 먹는 헨델 / 샌
드위치 발명가 • **167** 관에서 자라는 로즈마리 • **168** 최초의 레스
토랑 / 벌레 먹은 건빵 • **169** 데이비드 흄의 음식 사랑 – *Recipe* 사순
절 완두콩 수프 • **171** 런던의 유해한 빵 / 프랑스 음식 1. 쓸데없는 장
식만 가득한 음식 • **172** 톰슨과 알바트로스 • **173** 오이는 무용지
물 / 위험한 유럽 여행 • **174** 궁중 식사 예절 • **175** 날 돼지고기와
영감 • **176** 아스파라거스의 부작용 / 미국과 샐러드 볼 • **177** 영국

의 토스트 • **178** 뜨거운 감자 • **179** 맹인의 카페 • **180** 무시무시한 음료 / 햄 50개 • **181** 하기스에 관하여 • **182** 버미셀리와 구더기 • **183** 타조의 위 / 덴비데일의 거대 파이 • **187** 토머스 제퍼슨의 또 다른 업적 • **188** 코끼리발바닥 요리 • **189** 구두쇠의 식단 / 영국의 음식 2. 카라시올로가 남긴 명언

새로운 음식을 찾아서

192 코냑 vs. 위스키 – *Recipe* 치킨 마렝고 • **193** 프랑스인에게 코스 요리를 전파한 쿠라킨 왕자 • **194** 포도주의 효능 / 영국의 첫 커리 하우스 • **195** 혜성 빈티지 • **197** 술고래 / 비스트로의 유래 • **198** 아름다운 마담 베리 • **199** 마늘에 충격받은 셸리 • **200** 적포도주에 관하여 / 친밀한 관계 • **201** 라드에 관하여 / 브리아 샤바랭의 외모 정의 • **202** 젊음의 묘약 • **203** 송로버섯의 효능 • **204** 보르도와 버건디와인 / 양머리 요리에 대한 사랑 • *Recipe* 스코틀랜드의 하기스 • **206** 새로운 식량 • **207** 자허 토르테에 관하여 – *Recipe* 오믈렛의 탄생 • **209** 버즈 커스타드의 탄생 / 우스터소스의 탄생 • **210** 애프터 눈 티 • **211** 테이블보에는 코를 풀지 말 것 / 보 브럼멜과 채소 / 커피 과다 섭취 • **212** 봄베이 덕 / 디너파티의 적정한 손님 수 / 영국의 음식 3. 무미건조하고 퀴퀴하며 이익이 될 게 하나도 없는 음식 • **213** 앨리자 액턴 – *Recipe* 액턴의 푸딩 / 노퍽 커리 • **215** 링 도넛의 탄생 • **216** 프랑스 음식 2. 개구리와 낡은 장갑 • **217** 오스트리아의 야채 요리 / 레베카 샤프와 칠리 • **219** 황제의 살구 만두 사랑 / 커피와 사향고양이 • **220** 왕의 관심사 – *Recipe* 호주식 만찬 • **222** 최고의 요리가 된 복수의 요리 • **223** 에스키모인들의 고기 먹는 법 / 북극곰의

간 – Recipe 네셀로드 푸딩 • **226** 차콜 비스킷 / 핑크 레모네이드 • **227** 인어를 먹는 것에 관하여 / 쥐 요리 • **228** 타비타 티클투스의 조언 • **229** 동물 섭취학 연구 • **230** 영국의 첫 피시 앤드 칩스 레스토랑 • **231** 부활 치즈 • **232** 거북이 손질법 – Recipe 영국식 아침식사 / 송아지 머리 요리 • **235** 으깬 파리 비스킷 / 소시지 결투 / 말고기 연회 • **236** 3톤이나 나가는 맘모스치즈에 대한 단시 • **239** 세계에서 가장 냄새가 고약한 치즈 / 랍스터 폭탄 • **240** 피지인에게 마지막으로 먹힌 선교사 • **241** 음악과 음식에 대한 사랑 2. 투네도스 로시니 • **242** 두리안에 관하여 • **244** 시금치에 관하여 – Recipe 파리 공성과 기이한 식재료 • **247** 우리 모두를 '훈제청어로' 만드소서 • **248** 패커의 진술 / 베이크드 알래스카의 기원 • **249** 새 요리법 • **250** 프랑스 음식 3. 뇌조 요리에 관하여 / 자넷호와 수프림 드 볼라이유 자넷 • **251** 라인의 화이트와인 / 간접 식인 • **252** 완두콩 먹는 법 / 엉망인 요리사 • **253** 배턴버그 케이크 – Recipe 튀긴 왕풍뎅이 유충 • **254** 베이크드 빈스의 탄생 / 찹수이의 유래 • **255** 미각이 둔한 사람들에 관하여 / 독일인과 맥주 • **256** 마가리타 피자 / 테오도라와 랍스터 테르미도르 • **257** 물과 와인 • **258** 슈레디드 휘트의 탄생 / 토마토는 채소일까, 과일일까 • **259** 하인즈의 슬로건 / 리프라이드 빈 – Recipe 솔 베로니케 • **261** 오이스터 록펠러의 탄생 / 키위새 요리

Chapter 9
20세기

맛의 완성을 위해

264 페두와 랍스터 / 혀 맛 지도의 오류 • **265** 웨이터의 복수 / 돼지고기 혐오자 – Recipe 스크립처 케이크 • **269** 최초의 아이스크림콘 / 하드 아이스크림의 탄생 • **270** 예언 / 솔 샌드위치를 처방한 이유 / 악

마의 사전 – Recipe 왕을 위한 요리, 풀라드 생 알리앙스 • 272 음악과 음식에 대한 사랑 3. 배고픈 콘트랄토 • 273 푸르스트의 영감의 순간 • 274 밀크 푸딩을 위해 / 오징어에 관하여 • 275 커스터드 파이 / 낭비가 없으면 부족도 없다 • 276 새로운 칵테일의 등장 • 277 닉슨이 채소를 싫어하는 이유 / 차와 물은 따로 따로 / 파시스트의 식사 • 278 영국의 음식 4. 영국식 식사 / 변비 치료용 샌드위치 – Recipe 국화 샐러드 • 279 배우의 식사 • 280 오동통한 구더기 • 281 스페인의 와인 / 후버돼지 / 미래주의 요리 – Recipe 성스러운 혀를 위한 요리 • 283 펭귄 알 요리 – Recipe 영국의 하이티 • 285 북극에서 옥수수죽 만들기 • 286 영국의 음식 5. 양배추를 잘못 요리하는 방법 • 287 스팸의 탄생 • 288 아티초크 왕의 최후 • 289 어느 잔디 섭취 옹호자의 글 • 290 프랑스의 명예를 지켜라 1 / 프랑스의 명예를 지켜라 2 / 음악과 음식에 대한 사랑 4. 테트라치니 – Recipe 가짜 생선 요리, 목 피시 (mock fish) • 292 과학의 이름으로 • 294 샴페인을 마시기 좋은 때 / 진 40상자를 주문한 이유 • 295 시트웰의 달걀 • 296 듀크 엘링턴의 식사 • 297 전자레인지의 발명 / 비버 꼬리 • 298 막스와 계산서 / 미국 음식이 최고 • 299 크리스마스 선물 / 마티니 예찬론 • 300 괴짜의 만찬 • 301 샤를 드 골의 고충 / 꿀개미 • 302 문어 / 크리스마스 칠면조와 거위 • 304 마릴린 먼로 / 대식가의 식사 • 305 진흙 / 우주 식량 • 306 스페인 요리에 관하여 • 307 덴마크 요리와 감자 / 앙드레 시몬의 명언 / 영국의 음식 6. 사료용 비트와 소기름 • 308 프랑스 요리 4. 발냄새 나는 치즈 – Recipe 남아프리카식 튀긴 메뚜기 요리 • 309 남부 요리 / 칵테일의 부흥 • 310 미국의 음식 / 콘티넨털 블랙퍼스트 – Recipe 록키 산맥에서 나는 굴, 록키 마운틴 오이스터 • 311 영국요리 7. 영국의 차 • 312 원숭이 뇌 요리에 관한 오해 • 313 아스파라거스 사회학 / 특별한 빈티지 와인 / 위험한 단맛 • 314 조지 부시 1세와 브로콜리 • 315 껌 금지법 / 크리스 P. 캐롯의 안타까운 사연

• **316** 달팽이죽 / 시베리아의 식사 • **317** 매미와 샤도네이 • **318** 비엔나 베지터블 오케스트라

Chapter 10
21세기

와자지껄 별난 요리

320 푸른이 건자두가 되기까지 / 부시 대통령의 업적 / 영국의 새로운 국민 요리 • **321** 아이슬란드의 별미 / 세상에서 가장 비싼 샐러드 • **322** 베지버그가 될 뻔했던 도시 • **323** 퓨헤르와인 소동 / 웨일즈 위스키 – *Recipe* 오소리 요리법 • **324** 북한과 거대 토끼 • **325** 뭐든지 먹어 치우는 남자 이야기 • **326** 고환 요리책 / 위험한 복어 요리 / 모든 게 스파게티 덕 / 최고가의 위스키 • **327** 사람고기 커리 / 중국의 폭발하는 수박 • **328** 우주 여행객을 위한 맥주 / 와사비 경보장치 • **329** 레이디 가가와 모유 아이스크림 소동

331 역자 후기

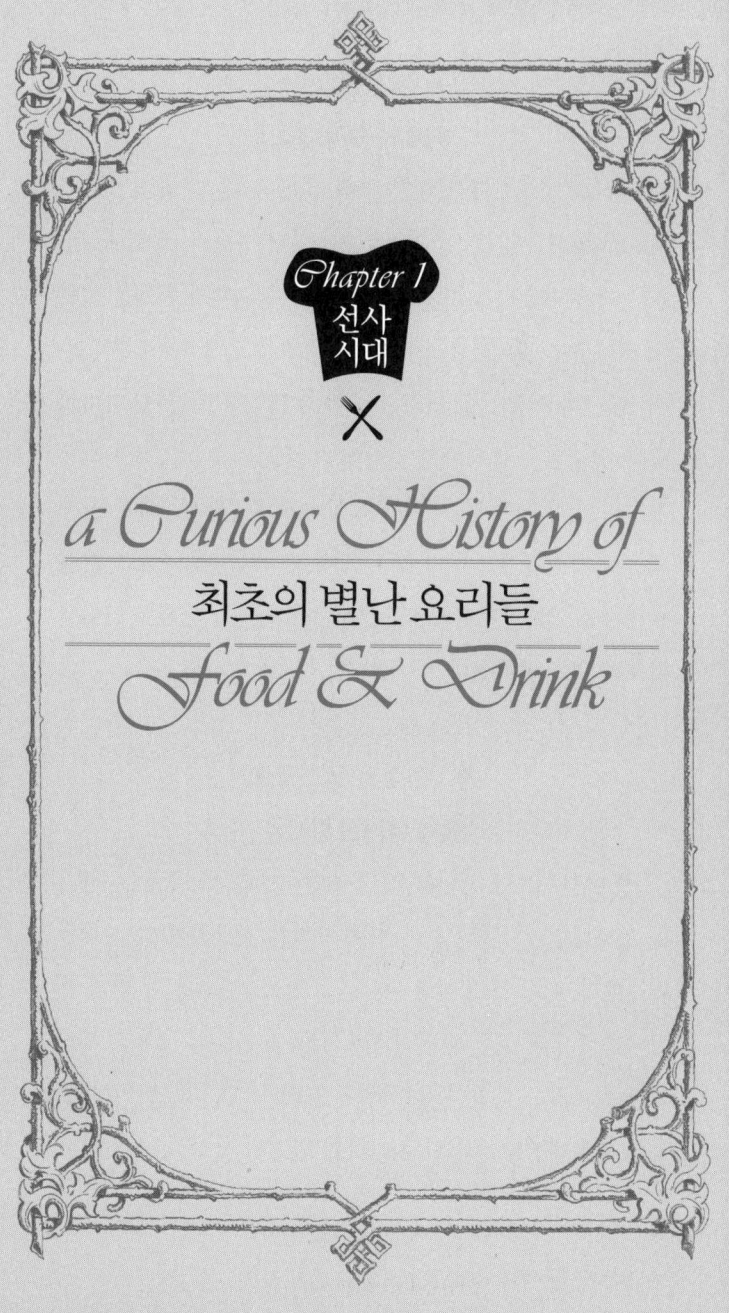

● 190만 년 전 ●
최초의 요리사들

 2011년 하버드대학 연구에 따르면 190만 년 전 호모에렉투스에 의해 인류 화식(火食)의 역사가 시작됐다. 호모에렉투스는 작은 어금니를 가지고 있었는데, 침팬지가 음식을 씹는 데 대부분 어금니를 사용하는 데 비해 호모에렉투스는 음식을 씹는 데 어금니를 거의 사용하지 않았다고 한다. 하버드대학 연구진은 호모에렉투스가 화식을 시작함으로써 작은 어금니를 갖고도 생존할 수 있었다고 주장한다. 화식을 통해 호모에렉투스는 보다 많은 열량을 섭취하게 되었고, 다양한 음식을 먹을 수 있게 되었다. 이는 인류의 진화에 있어서 매우 중요한 변화였다.

● 기원전 10만 년경 ●
뼈에 남겨진 칼자국

 1990년대 프랑스 남부 지역 네안데르탈인의 동굴 유적지를 조사하던 인류학자들은 뼈에 수많은 칼자국이 있는 것을 발견했다. 이를 두고 야생 동물들의 날카로운 이빨에 의한 상처라는 주장과 살을 발라내 뼈를 다듬는 일종의 매장 의식에 의한 결과라는 의견이 분분했다. 그러나 네안데르탈인이 도축한 순록에서도 유사한 칼자국이 발견된 것으로 보아 아마도 네안데르탈인에게는 식인 풍습이 있었다고 볼 수 있다.

2009년 독일의 헥스하임 근처에서 유적지를 조사하던 인류학자들이 발견한 기원전 5000년경인 인류의 뼈에서도 이러한 칼자국이 발견됐다. 물론 이는 앞서 말한 매장 의식의 결과로도 볼 수 있겠지만, 식인 풍습의 가능성 또한 무시할 수 없다.

● 기원전 6000년경 ●

하마 수프

인류의 최초의 수프는 기원전 6000년경 하마의 뼈로 만든 수프였다. 이후 1864년 아프리카의 앨버트 호수를 발견한 영국인 탐험가 사무엘 베이커는 저서인 《앨버트 호수, 나일강의 분지》(Vol. I, 1867)에서 하마 수프 레시피를 소개한다.

— *Recipe* —

하마 수프 레시피

'가짜 거북 수프(역자 주 : 바다거북 대신 송아지를 사용해 비슷하게 맛을 낸 수프)'보다 더 맛있는 수프가 나타났다. 진짜 바다거북을 사용한 수프도 하마 수프의 맛에는 비할 게 못 된다. 하마의 지방과 살코기, 껍질을 모두 함께 끓이자 하마 껍질이 마치 바다거북 수프처럼 초록색으로 변했는데 맛은 훨씬 좋았다. 식초와 다진 양파, 카옌후추와 소금으로 양념한 하마고기는 돼지고기와는 비교가 안 되게 맛있다. 나는 그로그주와 함께 하마 수프 한 솥을 끓여 동료들을 대접했다.

* 아프리카 전문가에 따르면 하마의 지방은 단맛이 나서 날로 먹어도 맛있다고 한다.

∞ ∞ ∞

● 기원전 2000년경 ●
최초의 국수

2005년 중국 라자 지역의 고대 지진 발생지에서 최초의 국수가 발견됐다. 4000년 전의 것으로 보이는 이 국수는 토기 그릇에 담겨 땅에 묻힌 뒤 산화 과정을 거쳐 이제는 먼지가 되었지만, 수수로 만든 국수였다고 한다.

● 기원전 1400년경 ●
초콜릿의 역사

온두라스에서 발견된 유적으로 보아 초콜릿의 원재료인 카카오 콩은 기원전 1400년경에 처음 수확을 시작했던 것으로 보인다. '초콜릿'이라는 단어는 '쓴 물'이라는 뜻의 나우아틀어 '쇼코아틀'^{xocoatl}에서 비롯된 것으로, 나우아틀어는 초콜릿 음료를 즐겨 마신 아즈텍족의 언어이다. 아즈텍의 마지막 황제인 목테수마^{Moteuczoma}는 궁의 후궁들을 방문하기 전 항상 초콜릿을 마셨다고 한다.

쇼코아틀을 맛본 최초의 유럽인은 스페인 정복자인 에르난도 코르테스로 1519년 아즈텍 제국을 처음 방문했을 때 초콜릿 음료를 대접받았다. 그러나 그는 아즈텍의 환대를 악의로 갚아 제국을 멸망시켰다. 신대륙으로 파견된 스페인 예수회 선교사인 호세 데 아코스타는 다음과 같이 초콜릿을 묘사했다.

> 매우 혐오스러운 음료로 거품조차 불쾌한 맛이 난다. 그러나 이 지역 사람들은 쇼코아틀 음료를 즐겨 마시고 방문객들에게도 대접한다. 이것에 익숙해진 스페인 사람도 남녀를 막론하고 이 음료를 좋아한다. 뜨겁거나 차갑게 혹은 미지근하게 마실 수 있으며, 칠리를 넣어 소스를 만들기도 한다. 이 소스는 배탈이나 카타르(역자 주 : 감기 등으로 코와 목에 생기는 점막)에 좋다고 한다.

16세기 중미 지역의 원주민은 초콜릿에 칠리를 섞어 마시는 것을 좋아했는데 에드워드 알 에머슨의 《음료의 과거와 현재》(1908)에는 다음과 같은 기록을 볼 수 있다.

> 초콜릿 음료 한 모금을 마시면 전혀 다른 세상에 와 있는 기분이 들게 된다. 더 이상 바깥세상의 일은 중요하지 않으며

입 안에서 펼쳐지는 초콜릿 맛의 세계만이 중요해진다.

초콜릿 음료는 스페인에서 큰 인기를 끌었는데 칠리 대신 설탕과 바닐라, 시나몬을 넣어 마셨다. 이후 17세기 프랑스로 전파된 초콜릿은 많은 사람의 사랑을 받은 동시에 두려움의 대상이 됐다. 다음은 마담 드 세비녜가 보낸 편지의 한 구절이다.

> 작년에 임신한 코에로공 후작부인은 초콜릿을 너무 많이 마셔 악마처럼 새까만 아기를 낳고는 바로 죽고 말았어요.

1675년 런던 최초의 초콜릿 하우스를 연 프랑스인은 '많은 질병을 치료하고 몸을 보호하는 음료'라고 초콜릿을 홍보했다. 이후 많은 초콜릿 하우스가 생겨났으나 1675년에는 폭동을 두려워한 찰스 2세가 초콜릿 하우스를 모두 금지시켰다.

1689년 저명한 의학자인 한스 슬론 경은 최초로 초콜릿에 우유를 첨가해 마시기 시작했다. 이후 약사들은 다양한 질병에 우유를 탄 초콜릿을 처방했다. 프랑스의 미식가인 브리야 사바랭은 《맛의 생리학》(1825)에서 초콜릿을 만병통

치약이라고 정의했다.

과음한 자, 불면증에 시달리는 자, 일시적으로 멍청해진 기분이 드는 자, 공기가 너무 습하게 느껴지는 자, 날씨에 적응 못하는 자, 시간이 너무 더디게 간다고 느끼는 자, 한 가지 생각에 지나치게 몰두해 자유롭게 생각을 할 수 없는 자……. 이들 모두에게 초콜릿 1파운드당 60~70알의 앰버 향신료를 넣은 초콜릿 음료 한 잔을 처방하면 놀라운 결과를 보게 될 것이다.

이때까지만 하더라도 초콜릿은 음료로 마셨으며, 1847년이 되어서야 영국 조지프 프라이의 퀘이커사가 초콜릿을 고형으로 만들어 지금의 바 형태가 되었다.

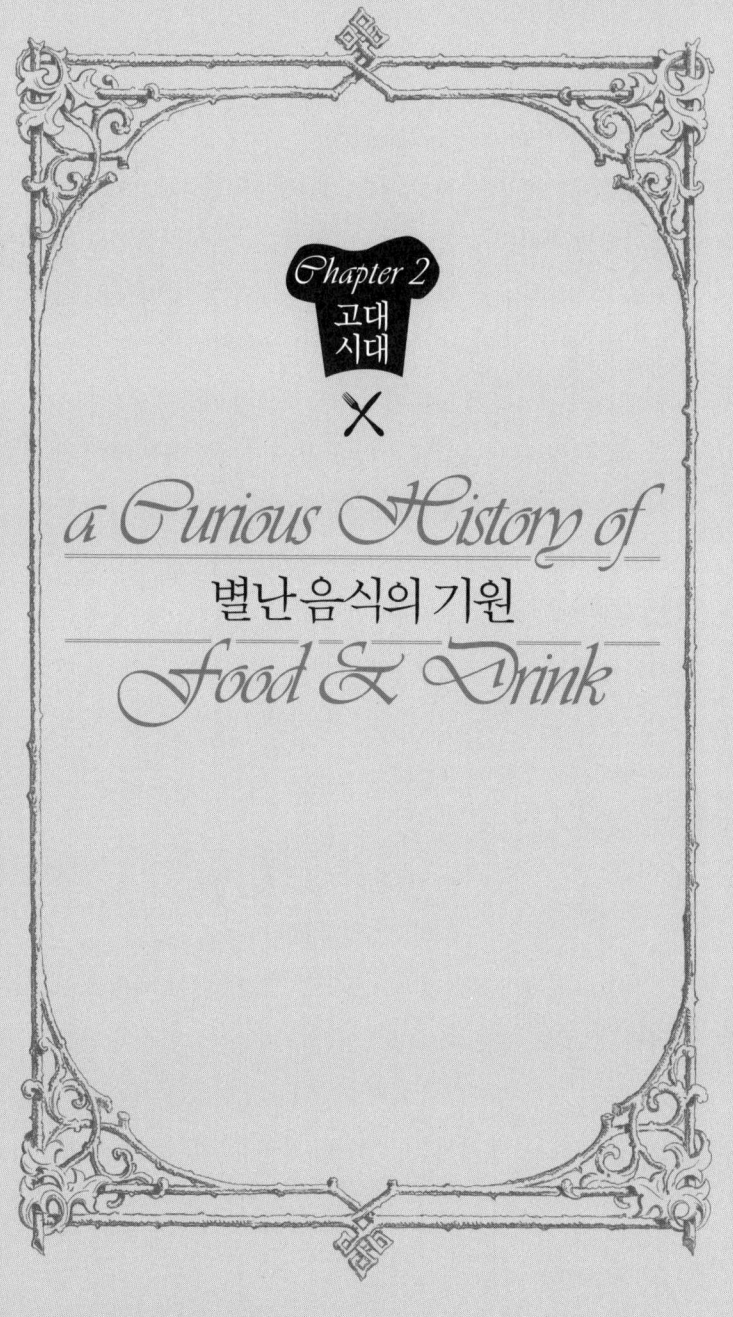

● 기원전 650년경 ●

감초의 역사

감초에 대한 최초의 기록은 기원전 650년경의 바그다드 석판에서 찾아볼 수 있다. 아시리아인은 발의 쓰라림을 치료하거나 이뇨제로 감초를 사용했는데, 감초의 어원은 '단 뿌리'를 뜻하는 그리스어인 '글리키르히자^{glykyrrhiza}'이다. 로마인에 의해 전파된 감초는 이후 영국 요크셔 지방의 폰테프랙트 마을에 특히 큰 영향을 주었다. 16세기 영국 동부 해안 지역을 방문한 폰테프랙트의 한 학자는 좌초된 함대에서 쓸려 내려온 감초 나뭇가지를 발견했는데, 처음에는 이를 회초리로 사용했다. 매를 맞다가 우연히 감초 나뭇가지를 입에 문 제자들이 감초의 맛을 발견해 요리에 사용하게 되었다고 한다. 이후 이 마을은 감초를 넣은 납작하고 둥근 과자인 폼프렛 케이크를 만들어 유명해졌다.

● 기원전 600년경 ●

비너스의 수프

마르세유는 포세안이라고 불리는 그리스인이 세운 도시이다. 그리고 바로 그 그리스인들이 마르세유인들이 가장 좋아하는 생선 수프인 부야베스 수프를 만들었다. 부야베스는 '끓이다'라는 뜻의 옥시타니아어 '부야^{bolhir}'와 '뭉근하게 끓이다'라는 뜻의 '아베스abaissar'의 합성어로 육수를 끓인 뒤 재료를 넣고 다시 뭉근하게 끓이는 이 요리의 레시피를 잘 나타내는 이름이다. 로마 신화에서 부야베스 수프는 사랑의 여신인 비너스가 전쟁의 신인 마르스와 밀회를 즐기기 위해 남편인 불카누스에게 먹인 음식으로도 알려져 있다.

● 기원전 535년경 ●
죽의 다섯 가지 효능

깨달음을 얻기 위해 출가한 석가모니는 하루에 나무 열매 한 알이나 잎사귀 한 잎만을 먹으며 고행 수도를 시작했다. 혹독한 고행으로 인해 쇠약해진 석가모니를 본 마을의 한 소녀가 우유와 쌀로 만든 유미죽을 공양했고, 그것을 먹고 기운을 차린 석가모니는 죽의 다섯 가지 효능에 대해 설파했다. 석가모니는 죽이 소화기능을 개선시키고, 갈증을 해소시키며, 배고픔을 가라앉혀주고, 변비에 효과가 있으며, 복부 팽만감 또한 줄여준다고 말했다. 소녀가 공양한 죽을 먹은 뒤 석가모니는 방탕이나 지나친 금욕주의 어느 쪽에도 치우치지 않은 중도를 통해서 해탈할 수 있다는 깨달음을 얻었다.

● 기원전 440년경 ●
아랍의 펫테일양

 '역사의 아버지'이자 '거짓말의 아버지'로 알려진 그리스의 헤로도토스는 저서 《역사》에서 아라비아의 양 두 품종을 소개하며 '어디에서도 찾아볼 수 없는 뛰어난 품종'이라고 묘사하였다.

> 한 종류는 약 1.35미터 길이의 꼬리를 갖고 있다. 이 꼬리가 바닥에 끌리면 멍이 들거나 다치기 때문에 양치기들은 꼬리가 땅에 끌리지 않도록 작은 수레를 만들어 양의 꼬리를 수레 위에 고정시킨다. 다른 종류는 더 넓은 꼬리를 갖고 있는데 최대 꼬리 너비가 45센티미터에 이른다.

 실제로 펫테일양이 이렇게 큰 꼬리를 갖고 있지는 않지만 북아프리카와 중동의 펫테일양은 일반 양에 비해 상대적으로 큰 꼬리를 갖고 있다. 펫테일양의 꼬리에 있는 지방은 쉽게 녹기 때문에 이 지역에서 식용유로 높은 가치를 인정받아 왔다. 또한 지방이 다리나 엉덩이가 아니라 꼬리에 몰려 있기 때문에 유럽 및 기타 지역의 품종에 비해 고기가 더 담백하다고 한다.

● 기원전 401년 ●

독꿀

그리스의 역사가이자 군인인 크세노폰은 《아나바시스》에서 페르시아 원정에서 퇴각할 당시를 기록했는데, 이 책에는 만병초 꿀에 대한 이야기도 기록되어 있다.

> 별 생각 없이 만병초 꿀을 먹은 병사 모두 구토와 설사로 고통받았으며 제대로 서지도 못했다. 소량을 먹었을 경우 만취한 상태를 야기했고, 다량을 먹은 경우 발작 증상을 일으키거나 심한 경우 죽기도 했다. 수백 명의 병사가 마치 참패를 당한 것처럼 몸져 누워버렸는데 이튿날에는 다행히 죽은 사람은 아무도 없었다. 꿀을 먹은 지 하루가 지나자 모두 제정신으로 돌아왔으며, 사나흘이 지나자 다시 스스로 설 수 있게 됐다.

이러한 증상의 주범은 그라야노톡신으로 주로 철쭉과 식물에서 발견된다. 그라야노톡신은 타액 분비, 발한, 어지러움, 조응능력의 상실, 근육 약화 및 심장 박동의 약화를 야기한다. 기원전 69년 소아시아로 원정을 떠난 로마의 폼페이 장군도 독꿀로 고생한 바 있다.

● 기원전 400년경 ●

악명 높은 스파르타의 검은 죽

그 어떠한 사치도 용납하지 않던 스파르타인의 주식은 악명 높은 '검은 죽'이었다. 이는 돼지고기 육수에 식초와 소금을 넣은 귀리죽이다. 아마도 돼지 피가 요리되는 동안 응고되지 않게 해줄 유화제가 필요해 식초를 넣은 것으로 보인다. 이탈리아 남부의 시바리스에서 온 아테나이오스는 검은 죽을 맛보고 기겁해 다음과 같이 기록했다.

> 스파르타인들이 죽음을 두려워하지 않는 것은 당연하다. 정상적인 사람이라면 이렇게 끔찍한 음식을 먹느니 차라리 만 번의 죽음을 택할 것이다.
>
> — 아테나이오스, 《미식가》 중에서

● 기원전 370년경 ●

극도의 다이어트

그리스의 철학자인 데모크리토스는 매일 식사에서 한 가지씩 메뉴를 줄여나갔다. 결국 그는 극도의 다이어트로 인해 목숨을 잃었다. 그의 전기를 작성한 헤르미푸스에 따르면 데모크리토스의 임종이 가까워지자 그의 여동생은 장례 때문에 마을 축제에 참가하지 못하게 될까봐 걱정했다고 한다. 이러한 여동생을 안심시키기 위해 데모크리토스는 갓 구운 신선한 빵 냄새를 맡아 축제가 끝날 때까지 목숨을 부지한 뒤 평화롭게 눈을 감았다고 한다.

● 기원전 350년경 ●
맛있는 유충

아리스토텔레스는 《동물의 역사》에서 매미, 특히 매미 유충이 식용으로 좋다고 주장했다. 이는 성충이 유충에 비해 더 딱딱하기 때문이다. 성충을 먹어야 할 경우 알을 품은 암컷 성충을 먹는 것이 더 낫다고 한다.

● 기원전 300년경 ●
시나몬의 유래

시나몬 트리는 스리랑카가 원산지이나 고대인들은 시나몬이 아라비아에서 왔다고 믿었다. 아리스토텔레스의 제자인 테오프라스토스는 아테네의 리세움에서 다음과 같이 말했다.

시나몬은 치명적인 독사들이 사는 계곡에서 자란다고 합니다. 그래서 시나몬을 채취할 때는 손과 발을 잘 보호해야 합니다. 사람들의 말에 따르면 채취한 시나몬은 3등분을 한 뒤 태양신에게 가져가 누가 무엇을 가져갈지 제비뽑기를 한 후, 태양신과 몫을 나누면 이내 불꽃과 함께 타오른다고 합니다. 물론 이는 환상이겠지요.

● 기원전 257년 ●

단계적 채식주의 선포

'피야다시^{Piyadasi}'라고도 알려진 아소카 대왕은 오늘날의 인도에 해당하는 지역을 다스린 통치자로 불교 신앙을 구현한 많은 칙령을 발표했으며, 이를 반석에 새겨 왕국 전역에 세워 놓도록 했다. 그의 칙령 중에는 다음과 같이 단계적 채식주의에 관한 칙령도 있었다.

신들의 사랑을 받는 피야다시 왕의 주방에서는 매일 커리를 만들기 위해 수만 마리의 동물들이 도살되곤 했다. 그러나 이제 이 법이 시행됨에 따라 공작 2마리, 사슴 1마리로 단 3마리만 도살해야 하며 이후 점진적으로 그 어떤 동물도 도살하지 못하게 될 것이다.

● 기원전 250년경 ●

자극적인 맛을 사랑한 로마인들

로마의 희극작가인 플라우투스는 일부 요리사들이 지나

치게 강한 맛이 나는 허브나 향신료를 사용해 요리하는 것을 두고 '올빼미가 내 내장을 파먹는 것'과 같다며 신랄하게 비판했다. 로마인들은 자극적인 맛을 좋아했는데, 특히 가룸^{garum} 소스는 큰 인기를 끌었다. 가룸 소스는 염장한 생선으로 만든 만능 소스로 모든 로마 음식에는 이 소스가 들어갔다.

로마의 미식가 아피시우스^{Apicius}가 소개한 모든 레시피는 서기 1세기경에 쓰였는데 로마인들이 얼마나 자극적인 맛을 사랑했는지를 잘 보여준다. 예를 들어 플라밍고 요리는 식초, 딜, 코리앤더, 후추, 캐러웨이, 아위 뿌리, 민트, 루타, 대추 등의 다양한 향신료를 대량으로 사용해 톡 쏘는 맛을 냈다. '리쿠아멘^{liquamen}'이나 '무리아^{muria}(소금물)라고도 불린 가룸은 햇볕에서 세 달간 발효를 시킨 뒤 액체를 따라내 병에 보관했다.

로마의 많은 마을에서 가룸이 대량으로 생산되었으며, 때때로 그 냄새가 너무 강해서 로마 당국에서는 임시 생산 중지 명령을 내려야 했을 정도였다고 한다.

— Recipe —

발효된 생선 내장 요리

10세기 비잔틴 《농경서》는 고대 로마인이 사랑한 가룸 레시피를 소개한다.

Chapter 2 별난 음식의 기원 33

1. 농어나 정어리, 앤초비와 같이 작은 생선의 내장을 모아 1:8의 비율로 소금을 넣은 뒤 햇볕 아래서 몇 달간 발효시킨다.
2. 이후 액체를 따라 모든 요리에 소스로 사용한다.

로마의 극작가인 세네카는 《서간》에서 가룸을 두고 "소금에 절인 썩은 생선 요리로 속을 쓰리게 한다"라고 불평했으며, 시인 마르티 알리스는 《풍자시》에서 "가룸 6인분을 먹은 여자를 사랑하는 남자는 칭찬을 받아 마땅하다"라고 풍자한 바 있다.

∞ ∞ ∞

● 기원전 200년경 ●
아유르베다식 다이어트

고대 인도의 전통 의학인 아유르베다 의학의 초기 자료는 기원전 200년경 인도에서 편찬되었다. 아유르베다 의학은 올바른 식습관이 건강에 필수라고 여겼고, 먼저 찬 음식과 더운 음식으로 나누었다. 그리고 음식의 맛을 톡 쏘는 맛, 매우 신맛, 짠맛, 단맛, 상큼한 신맛, 쓴맛의 여섯 가지로 분류했다. 이론에 따르면 육류와 후추와 같은 더운 음식은 짠맛, 신맛, 톡 쏘는 맛을 지니는데 발한, 염증, 갈증, 피로 등을 야기할 수 있다.

과일과 우유와 같은 차가운 음식은 쓴맛, 신맛, 단맛을 지니며 안정과 만족감을 가져다준다고 한다. 날씨가 더울 때는 우유 귀리죽과 같은 차가운 음식이 체내 에너지를 유지하는 데 도움이 된다. 반대로 날씨가 추울 때는 소화에 필요한 에너지가 충분하기 때문에 기름진 고기나 와인, 꿀과 같이 더운 음식을 먹는 게 좋다. 그리고 주거 환경 또한 중요한데, 습한 지역에 산다면 도마뱀 고기와 같이 더운 음식을 먹어야 하고 평야에 사는 사람들은 검은 영양 고기와 같이 가벼운 음식을 먹어야 한다. 오늘날 대부분의 인도 음식은 이러한 차가운 음식과 더운 음식이 잘 섞여 있으며 여섯 가지 맛이 조화롭게 어우러져 있다.

신성한 소

이 시기 인도에서는 소고기를 먹는 것이 용인되었는데, 《마하바라타》에는 승려 계급인 브라만이 소고기로 요리한 만찬을 즐기는 장면이 묘사되어 있다. 그러나 당시 여러 의학서에서는 '소고기는 더운 음식으로 기름기가 많고 열량이 높으며 단맛을 지닌 음식'이기 때문에 소화가 어려워 활동적인 사람들만 주의해서 먹어야 한다고 경고했다. 또한 소고기 육수는 소모병 환자에게 특히 좋은 약으로 여겨졌다. 소고기의 식용은 서기 1세기까지 계속 이어지다 이후 금기시되었다.

소가 신성한 동물로 여겨지게 된 것은 우유를 제공하고

농사일에 이용하면서 중요성이 점점 커졌기 때문이다. 17세기 무갈 왕국에서 많은 시간을 보낸 여행가 니콜라오 마누치는 《무갈 이야기》에서 "이곳에서는 소고기를 먹는 것을 혐오스럽게 여긴다"라며, 힌두교 신자들은 죄를 정화하기 위해 신성한 소의 우유와 버터, 배설물을 먹었다고 기록했다.

● 기원전 181년 ●

사치금지법

퇴폐문화 근절을 위해 로마의 상원의원들은 '사치금지법'을 제정해 계급별로 입을 수 있는 옷의 종류와 연회에 초대할 수 있는 인원수에 제한을 두었다. 기원전 161년에 제정된 사치금지 관련법은 "한 끼 식사에 요리의 수는 세 가지를 넘지 않아야 하며, 특별한 경우에는 다섯 가지를 허용한다"라고 규정했다. 그리고 조개류나 '낯선 나라에서 온 기이한 새 요리'와 같은 이국적인 요리도 모두 금지되었다. 이후 제정된 추가 관련법은 당시 로마인들이 별미로 여기던 겨울잠쥐 요리 또한 금지했다.

이러한 사치금지법은 제대로 지켜지지 않았음에도 불구하고 중세시대와 그 이후에도 계속 존재했다. 1335년 영국에서는 한 식당에서 두 가지 이상의 요리를 먹는 것을 법으로 금지했으며 "연회의 경우 세 가지 요리를 허용하되 수프 또한 하나의 요리로 간주한다"라고 명시했다. 이후 1517년에 제정된 법은 신분에 따라 요리의 가짓수를 제한하였다. 추기경의 경우에는 아홉 가지, 공작과 대주교, 후작, 백작, 주교의 경우에는 일곱 가지, 영주와 런던시장, 가터 훈작사, 수도원장의 경우 여섯 가지 요리가 허용되었다. 소득이 40파운드 이상 100파운드 이하인 사람들의 경우 단 세 가지 요리만 먹을 수 있었다.

● 기원전 100년경 ●
소금 구매비

로마 군인의 임금에는 '살라리움^{salarium}'이라는 소금 구매비가 포함되었는데, 이는 '소금'을 뜻하는 라틴어 'Sal'에서 비롯된 말이다. 당시 소금은 식품을 보존하고 간을 맞추는 데 꼭 필요해 매우 귀하게 여겼다. 이후에 살라리움은 임금 전체를 일컫는 말이 되었고 '봉급'을 뜻하는 영어 단어인 'salary'의 어원이자 '제 밥값을 못한다$^{not\ worth\ his\ salt}$'라는 표현을 낳았다. '샐러드'라는 단어도 같은 뿌리에서 나온 말로 로마식 샐러드에서는 소금이 매우 중요한 재료로 여겨졌다.

● 기원전 63년 ●

사치 수준 유지의 중요성

로마의 장군 루키우스 리키니우스 루쿨루스는 소아시아 제3차 미트리다테스 전쟁Mithradatic War에서 대승을 거둔 뒤 많은 전리품을 획득해 로마에서 가장 부유한 사람이 됐다. 루쿨루스 장군은 대규모 건축 공사, 과학자와 예술가에 대한 후원뿐만 아니라 매우 사치스러운 연회를 연 것으로 유명하다. 로마 시인 플루타르크에 따르면 어느 날 루쿨루스 장군이 평소와는 다르게 혼자서 식사를 하게 되었는데 요리 수가 평소보다 많지 않자 크게 화를 냈다고 한다. 겁을 먹은 하인이 장군 한 명을 위한 식사이기 때문에 간소하게 식사를 준비했다고 하자, 루쿨루스 장군은 "오늘은 루쿨루스 장군이 루쿨루스 장군과 함께 식사를 하는 날인 것을 모른단 말이냐?"라며 호통을 쳤다고 한다.

● 기원전 43년 ●

'병아리콩'이라 불리던 로마 귀족

로마의 웅변가이자 정치학자인 마루쿠스 툴리우스 키케로가 기원전 43년 12월 7일에 눈을 감았다. 플루타르크는 키케로의 성이 '병아리콩'을 뜻하는 라틴어인 '키케르'에서 유래되었으며, 아마 그의 조상이 코에 병아리콩만 한 사마귀가 있었기 때문이라고 주장했다. 그러나 일반적으로는 키케로의 조상이 병아리콩을 파는 일을 했다는 주장이 더 설득력이 있다고 여겨진다.

키케로 외에도 로마에는 콩 이름의 성을 가진 귀족이 많았다. 렌트루스는 렌틸콩, 피소는 완두콩이란 뜻이다. 전략적 소모전으로 한니발 장군을 물리친 장군의 이름이자 이후에 '페이비언협회'라는 이름의 기원이 된 '파비우스'라는 성은 '콩'이란 뜻이다.

● 기원전 40년경 ●
당나귀 우유 목욕

이집트의 여왕 클레오파트라는 아름다운 피부와 젊음을 유지하기 위해 당나귀 우유로 매일 목욕을 했으며, 이를 위해 약 700마리의 당나귀를 동원했다고 한다. 플리니우스는 저서 《자연사》에서는 당나귀 우유 목욕의 미용 효과에 대한 기록을 찾아볼 수 있다.

당나귀 우유는 일반적으로 피부의 주름 제거 및 미백 효과가 있다고 알려져 있다. 일부 여성은 하루에 일곱 번 당나귀 우유로 세안을 하기도 한다. 당나귀 우유를 미용 목적으로 사용한 최초의 인물은 네로 황제의 두 번째 아내인 포파이

아로 당나귀 우유로 반신욕을 하곤 했으며, 이를 위해 늘 암탕나귀 무리를 데리고 여행을 다녔다고 한다.

플리니우스는 열, 궤양, 천식, 변비에 이르는 여러 질병 및 질환과 백연(白鉛)과 같은 독성물질 해독에 당나귀 우유를 추천했다. 바로 이러한 이유로 엘리자베스 시대 여자들도 백연 성품이 많이 들어 있는 화장을 지울 때 당나귀 우유를 사용했다.

● 기원전 35년경 ●
안토니우스와 클레오파트라의 내기

플루타르크는 《영웅전》에서 로마의 안토니우스 장군이 클레오파트라와 함께 이집트에 보낸 시간을 다음과 같이 기록했다.

암피사의 의사인 필라토스는 내 딸 람프리아스에게 그가 알렉산드리아에서 의학 공부를 하던 때에 대해 말하곤 했다. 어느 날 그는 궁정 요리사와 친해져 궁정 주방으로 초대를 받았다. 주방에는 각종 산해진미가 가득했는데 8마리의 야생 수퇘지가 요리되고 있었다.

감탄한 필라토스가 연회에 초대된 사람이 몇 명이냐 묻자 요리사는 웃으며, "손님은 12명이지만 모든 음식을 완벽하게 요리해야 해요. 장군님이 바로 만찬을 준비하라고 할 수도 있고 한참 있다 준비 명령을 내릴 수도 있어요. 와인을 먼저 대령하라 할 수도 있고, 대화가 길어져 연회가 늦춰질 수도 있죠. 자칫 시간을 잘못 맞추면 식어버리기 때문에 많은 요리를 각기 다른 시간에 준비해서 완벽한 요리를 내놓아요"라고 대답했다고 한다.

안토니우스와 클레오파트라는 누가 더 사치스러운 연회를 여느냐로 내기를 하곤 했다. 클레오파트라의 연회에 만족하지 못한 안토니우스가 본인의 연회가 더 사치스러웠다고 으스대자 클레오파트라는 걸고 있던 진주 귀걸이를 갈아 와인에 뿌려 마셨다고 한다. 내기는 물론 클레오파트라의 승리였다.

— *Recipe* —

앤초비 캐서롤

다음은 로마의 부유한 상인이자 미식가였던 아피키우스의 《요리에 관하여》에 나오는 앤초비 캐서롤(역자 주 : 오븐에 넣어 천천히 익혀 만드는 찜 요리) 레시피다.

1. 캐서롤 팬의 크기에 맞춰 앤초비를 굽거나 삶은 뒤 잘게 다진다.
2. 후추와 약간의 루, 올리브 오일을 넣고 충분한 양의 육수를 부어준다.
3. 날달걀을 넣어 재료를 잘 섞어준다.
4. 캐서롤 팬을 덮고 졸인다.
5. 후추를 갈아 넣고 손님에게 대접한다.

(그 누구도 요리 재료가 앤초비인지 알 수 없을 것이다.)

* 이 요리는 신선한 앤초비를 사용한 것이 아니라 소금에 절인 앤초비를 사용한 것으로, 잘게 다진 앤초비는 깊지 않은 맛을 내 요리 재료를 맞춘 사람은 아무도 없었다.

∽ ∽ ∽

● 서기 43년 ●

너그러운 법

클라우디우스 황제는 연회에서 방귀 뀌는 것을 허용하는 법을 제정했는데, 방귀를 참는 것이 건강에 좋지 않을까 염려했기 때문이라고 한다.

● 서기 55년 ●

네로와 브리타니쿠스

클라우디우스 황제의 아들인 브리타니쿠스는 당시 13살

로 황위를 놓고 네로와 경쟁 관계에 있었는데, 결국 네로의 비열한 계략의 희생자가 되었다. 연회에서 음료를 건네받은 브리타니쿠스는 하인에게 먼저 맛보도록 해 독이 있는지 확인했다. 음료에 아무런 이상이 없자 한 모금 마신 브리타니쿠스는 다른 하인에게 음료가 너무 뜨거우니 찬물을 섞어 식혀오라고 명했다. 그때 하인은 미리 독을 타 놓은 물을 음료에 섞어 브리타니쿠스에게 주었고, 이를 마신 브리타니쿠스는 거품을 물며 쓰러진 뒤 즉시 숨을 거뒀다. 네로는 브리타니쿠스가 간질 환자였다고 주장했다.

트리말키오의 향연

페트로니우스는 《사티리콘》에서 신흥 부자들의 허세를 비꼬았다. 그 중 '트리말키오의 향연'에서는 자유 노예인 트리말키오가 기이하고 사치스러운 요리를 내놓아 손님들을 놀라게 하는 장면을 묘사했다. 다음은 페트로니우스가 열거한 연회 메뉴이다.

흰색 올리브와 검은색 올리브, 은 석쇠에 담아 자두와 석류 알을 곁들인 소시지, 공작의 알 모양으로 만들어 딱새로 속을 채운 파이, 후추를 넣은 달걀 노른자, 암퇘지 유두, 와인에서 헤엄치는 물고기, 하늘을 나는 말처럼 보이도록 물고기 지느러미를 달은 토끼 요리, 새끼 돼지 모양의 마지 판으로 장식한 수퇘지 요리(수퇘지 안에는 살아 있는 찌르레기를 넣어 고기를 썰 때 새가 날아오르도록 함), 소시지를 가득 채운 통돼지 구이(돼지를 자르면 마치 소시지가 돼지 내장처럼 쏟아져 내리게 함), 헬멧을 씌운 삶은 암소 요리(그리스의 영웅인 아약스가 광기에 사로잡혔을 때를 연기하는 배우가 직접 이 요리를 잘랐으며, 암소 관절을 칼로 찍어 접시에 담아 줌), 치즈케이크와 타르트, 온갖 종류의 잘 익은 사과와 포도

● 서기 69년 ●

미네르바의 방패

로마의 역사가인 수에토니우스에 따르면 비텔리우스 황제는 강꼬치 고기의 간, 공작과 꿩의 뇌, 칠성장어의 이리를 찾기 위해 방방곳곳으로 사절단을 파견했다고 한다. 이 재료는 황제가 즐겨먹던 음식인 '미네르바의 방패'에 필요한 재료들이었다. 비텔리우스 황제는 왕위에 오른 지 8개월 만에 후계자인 베스파시아누스에 의해 죽임을 당했다.

● 서기 79년 ●

비트의 효능

베스비우스 화산 폭발은 로마의 도시 폼페이를 집어삼켰다. 폼페이 유적지의 사창가 벽화를 보면 붉은색의 음료

를 마시는 사람들을 볼 수 있는데, 학자들의 주장에 따르면 이는 포도주가 아니라 비트 주스라고 한다. 당시 비트 주스는 최음제로 여겨졌고 비트의 씨 또한 이 사창가에서 발견됐다. 실제로 비트는 무기질이 풍부해 성적 호르몬의 생성을 촉진시킨다고 한다.

무화과를 잔뜩 먹인 암태지

베스비우스 화산의 폭발로 사망하기 전 플리니우스는 《자연사》를 편찬했다. 이 책에서 그는 유명한 미식가인 아피키우스가 거위의 간을 부풀리기 위해 기원전 2300년 전 이집트에서 발명한 다음의 방법을 사용했다고 기록했다.

아피키우스는 암태지의 간을 인위적으로 부풀리는 방법을 거위에도 적용했다. 그는 거위에게 건조한 무화과를 잔뜩 먹여 살찌운 뒤 꿀을 섞은 와인을 잔뜩 먹인 다음 즉시 도살했다.

무화과를 먹여 거위 간을 부풀리는 방법은 이후 널리 사용되었다. 실제로 '간'을 뜻하는 '푸와^{foie}'라는 단어는 '무화과'를 뜻하는 라틴어인 '피카툼^{ficatum}'에서 유래한 것이다.

● 서기 90년경 ●

섬뜩한 연회

어느 날 도미티안 황제는 무덤처럼 꾸며진 어두침침한 방에서 연회를 열었다. 발가벗은 까만 피부의 소년들이 검은 접시에 새카맣게 탄 고기 요리를 내오자, 도미티안 황제는 갑작스러운 죽음이나 살인에 관한 이야기를 시작했다. 그러자 연회에 초대된 사람들 모두 황제가 화가 나 자신들을 죽이기 위해 연회에 초대했다고 생각했다. 하지만 연회가 끝난 뒤 황제가 준비한 선물을 받고 모두 무사히 집으로 돌아갔다고 한다.

1783년 2월 1일 파리에서도 위와 비슷한 섬뜩한 연회가 열렸다. 연회의 호스트는 당시 24살의 알렉상드르 그리모드 드 라 라니에르로 이후 최초의 전문적인 음식 비평가로 인정을 받기도 했다. 그리모드는 초대장을 사망 통지서처럼 만들었고, 연회장 한가운데에는 관을 놓은 뒤 1년을 의미하는 365개의 초를 둘러놓았다. 이 연회는 파리 사교계를 발칵 뒤집었고 '추악한 연회'라고 비난받았다. 가문의 수치라고 여긴 그리모드의 가족은 그의 상속권을 박탈한 뒤 수도원으로 보냈다.

이후 1812년 그리모드는 친지들에게 장례식 날짜와 장소와 함께 자신의 사망 통지서를 보냈다. 그리모드의 몇 안 되는 친구들이 장례 행렬을 위해 샹젤리제에 있는 그의 집에 도착하자 초로 둘러싸인 상여가 그들을 맞이했다. 집 안으로 들어가자 놀랍게도 음식이 가득 차려진 연회장에서 그리모드가 친구들을 반겼고, 정확히 누가 올지를 예상한 연회에 흡족했다고 한다.

● 서기 100년경 ●
로마인의 연회

로마의 시인인 마르티알리스의 《단시》에서 로마인의 식탐에 대해 기록했다. 부유한 사람의 연회에만 나오는 호화스러운 요리인 암퇘지 유두 요리가 나오자 한 손님이 본인 몫보다 더 많은 요리를 챙긴 뒤 냅킨에 몰래 숨겨 집에 가져갔다고 한다.

당시 로마의 대식가들은 다른 사람들보다 더 빨리 많이 먹기 위해 아무리 뜨거운 요리라도 참고 먹기도 했다. 로마의 풍자작가인 유베날리스는 로마인들이 '빵과 서커스' 외에는 관심이 없다고 말하며, 크리스피누스라는 부자가 2.7킬로그램의 숭어를 사기 위해 6,000세르테르티우스(역자 주 : 고대 로마의 화폐 단위)나 지불했다며 그를 비꼬았다.

이 외에 로마인들이 즐겨먹던 기이한 진미 요리는 토끼 태아, 암퇘지나 소의 성기, 우유와 밀을 먹여 살찌운 달팽이, 노예들이 먹기 쉽게 직접 씹어 놓은 무화과와 수수를 먹고 자란 개똥지빠귀 요리 등이다. 이보다 더 사치스러운 연회의 경우에는 살아 있는 노랑촉수를 접시에 내와 숨을 못 쉬고 죽어가는 노랑촉수의 비늘이 얼마나 빨갛게 변하는지를 손님들이 직접 볼 수 있도록 했다.

또 다른 유명한 요리는 '트로이의 돼지'로 트로이의 목마에서 유래한 요리이다. 통돼지 구이의 속을 소시지로 채운 뒤 돼지를 세워 놓고 손님들에게 대접하기 직전에 배를 갈라 소시지가 마치 내장처럼 흘러나오도록 했다고 한다.

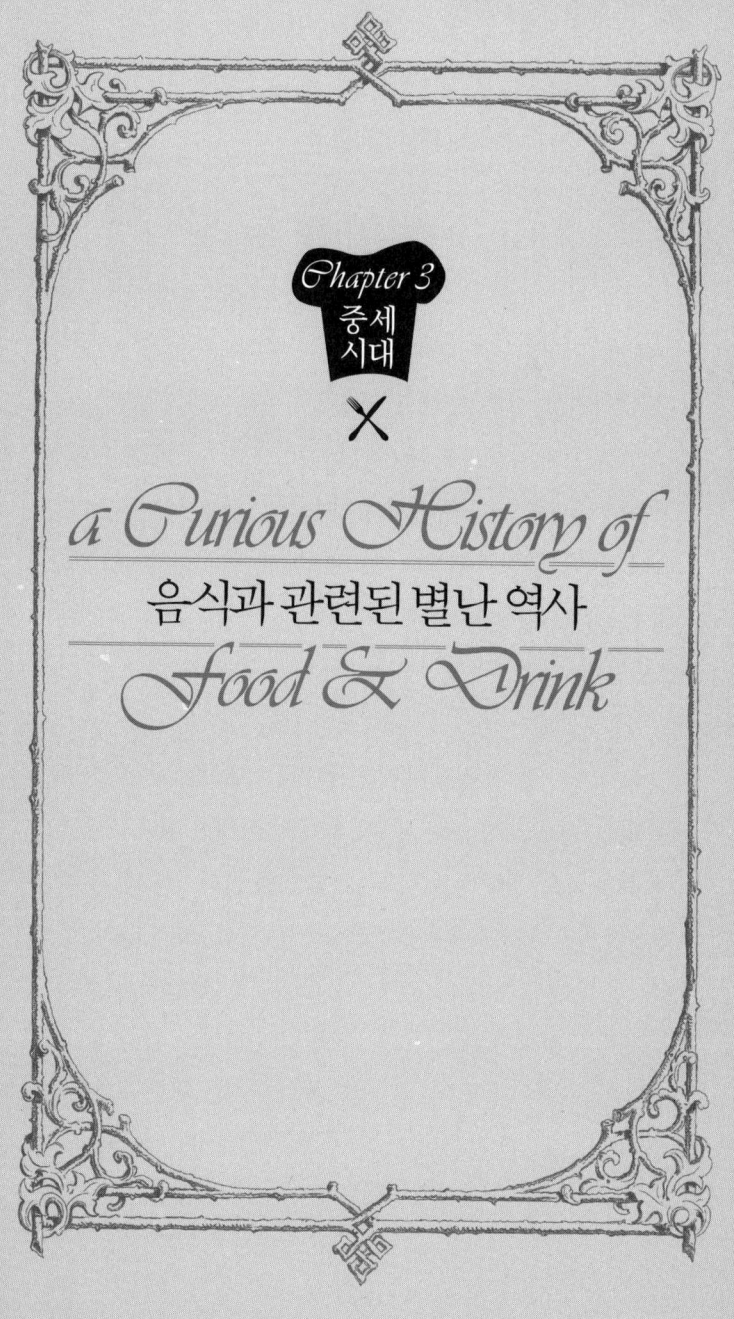

Chapter 3
중세시대

a Curious History of
음식과 관련된 별난 역사
Food & Drink

• 600년경 •
폭식의 정의

그레고리 교황 1세는 일곱 가지 죄악을 정의하며 성경을 참조로 폭식의 다섯 가지 양상에 대해 설명했다.

첫째, 정해진 시간 전에 먹는 것 : 군인 중 한 명이 요나단에게 "당신의 아버지께서 오늘 해가 떨어질 때까지 무엇이든지 먹는 사람은 저주를 받을 것이라며 전군에 알렸습니다. 그래서 이렇게 군인들이 지쳐 있습니다" 하고 알려주었다. 그러자 요나단은 투덜댔다. "아버지께서 이 지역은 손도 못 대게 하시다니, 꿀 한번 찍어 먹고 나는 이렇게 눈이 다 번쩍 뜨였는데(사무엘 상 14장 28-29절)."

둘째, 더러운 탐욕을 채우기 위해 더 나은 음식을 찾는 것 : 그들 가운데 섞여 있던 외국인들이 먹을 것이 없다고 불평을 하자, 이스라엘 백성들도 우는 소리를 했다. "아, 고기 좀 먹어봤으면. 이집트에서는 공짜로 먹던 생선, 오이, 참외, 부추, 파, 마늘이 눈앞에 선한데, 지금 우리는 먹을 것이 없어 죽는구나. 보기만 해도 지긋지긋한 이 만나밖에 없다니(민수기 11장 4-6절)."

셋째, 음식 욕심 : 엘리의 두 아들 홉니와 비느하스는 제물로 바칠 고기의 가장 맛있는 부분은 그들이 취했다. 그들은 이 죄로 결국 죽임을 당하게 되었다(사무엘 상 4장 11절).

넷째, 과식 : "네 아우 소돔의 죄가 무엇인지 아느냐? 거만을 떨고 실컷 먹고 마시며 태평세월을 즐기면서 천하고 가난한 자들의 손을 붙잡아 주지 않는 것이 바로 소돔과 그 딸들의 죄였다(에제키엘서 16장 49절)."

다섯째, 지나치게 음식에 집착하는 것 : 하루는 에사오가 허기져 들에서 돌아와 보니 야곱이 죽을 끓이고 있었다. 에사오가 야곱에게 "배고파 죽겠다. 그 불콩죽 좀 먹자"라고 하였다. 그의 이름을 에돔이라고도 부르는 데는 이러한 사연이 있다. 야곱이 형에게 죽을 먹고 싶다면 상속권을 팔라고 제안하자 에사오는 배고파 죽을 지경인데 상속권 따위가 무슨 소용이 있느냐고 하였다. 그러나 야곱은 먼저 맹세부터 하라고 다그쳤다. 에사오는 맹세하고 장자의 상속권을 야곱에게 팔아 넘겼다. 그리고 에사오는 야곱에게서 떡과 불콩죽을 받아먹은 후에 일어나 나갔다. 이렇게 에사오는 상속권을 대수롭지 않게 여겼다(창세기 25장 29-34절).

● 732년 ●
말고기 식용을 금지한 칙령

그레고리 교황 3세는 말고기를 금지하는 교황 칙령을 발표했는데, 그 이유는 바로 말고기를 '부정하다'고 여겼기 때문이다. 이 칙령은 '독일인의 사도'라고 불리는 성 보니파키우스의 독일 선교 활동을 돕기 위한 것이었다. 하지만 당시 오딘을 숭배하던 독일의 이교도들은 말고기를 먹었다. 독일뿐만 아니라 노르웨이에도 말고기를 먹는 이교도인들이 있었는데, 그들은 999년까지 개종을 거부했다. 이후 교회로부터 말고기를 먹어도 좋다는 특별 허가를 받았다.

● 800년경 ●
악귀를 물리치는 마늘

앵글로색슨족은 마늘, 쓴맛이 나는 허브, 부추, 회향, 버터, 양의 지방을 섞으면 악귀로부터 몸을 보호할 수 있다고 믿었다.

주먹질이 오가는 아일랜드 연회

아일랜드의 〈맥 다소의 돼지 이야기〉라는 사가에는 용맹스러운 전사들이 '승리자의 고기'라 불리는 가장 맛있는 부위를 누가 먹을 것인가를 놓고 주먹다툼을 하는 장면이 나온다.

용사들이 벗어 던진 옷이 방 한가운데 쌓여 산을 이루고 현관문까지 피가 흐를 때까지도 싸움은 계속된다. 마당에서는 사람들이 엉켜 싸우는 중에 한바탕 술판이 벌어지고 있다.

● 850년경 ●
칼디와 커피콩

한 이야기에 따르면 아라비아의 양치기 소년인 칼디는 어느 날 염소들이 빨간 열매를 먹고 흥분해서 날뛰는 모습을 목격했다. 직접 열매를 먹어보자 기분이 좋아지는 것을 느낀 칼디는 즉시 이 열매를 이슬람 사제에게 가져갔다. 그러나 사제는 이 열매를 불에 던져 버렸는데 이때 매우 좋은 향이 피어올랐다. 호기심에 사로잡힌 칼디는 탄 열매를 모아 빻은 뒤 뜨거운 물에 섞어 마셨고 바로 이것이 인류 최초의 커피였다고 한다.

하지만 이 이야기는 1671년이 되어서야 글로 기록되었고, 출처 또한 불분명하다. 야생 커피나무는 에티오피아에서 자생하는데 아마 15세기 이전에는 아라비아에 전파되지 않았을 것이다. '커피'는 14세기 후반에 등장한 에티오피아의 카파 왕조에서 유래된 말이다. 그러나 아랍의 사전학자들은 이 단어가 '술'을 의미하는 아랍의 '카와^{qahwah}'에서 유래되었다고 주장한다. 이 주장에 따르면 '카와'는 '입맛이 없다'를 의미하는 '카히야^{qahiya}'라는 단어에서 유래된 것으로, 카페인을 많이 섭취할 경우 입맛이 없어지기 때문이다.

● 857년 ●
오염된 호밀

쾰른에서 편찬된《아날레스 크샨텐》에서는 857년 사람들이 물집이 생기는 전염병으로 고통받았고 심한 경우 살이 썩고 사지가 문드러져 떨어져 나갔다는 기록을 찾아볼 수 있다. 이는 성안토니열$^{St.\ Anthony\ Fire}$(염증성, 괴저성 피부 증상의 총칭)이나 무도병이라고도 알려진 맥각 중독의 괴저 증상에 대한 인류 최초의 기록으로 보인다. 이 병은 맥각병균에 오염된 호밀빵이나 곡물을 먹고 생기는 병인데, 맥각균은 진균의 일종으로 괴저와 경련, 환각을 야기하는 알칼로이드를 생성한다. 알칼로이드의 일종인 에르고타민은 환각제인 LSD와 비슷한 구조를 갖고 있다고 한다. 맥각 중독은 19세기 후반까지 유럽을 괴롭혔다.

● 880년경 ●

살인 황소 식용 금지법

알프레드 대왕은 사람을 죽인 황소의 식용을 금지하는 법을 제정했다. 사람을 죽인 황소는 돌팔매질로 처형시켰다.

● 900년경 ●

수수께끼

앵글로색슨은 다음과 같은 수수께끼를 즐겼다.

나는 여자들을 행복하게 만들고 내 주위에 사는 사람들에게 유용한 도움을 주지. 나는 나를 파괴하려는 자를 빼고는 그 누구에게도 해가 되지 않아. 나는 지상, 지하 어디에나 있고 덥수룩한 머리를 갖고 있어. 아름다운 농부의 딸이나 용감한 아가씨가 대담하게 나를 잡아 빨간 옷을 찢어버린 뒤 내 머리를 잡아 뜯곤 해. 난 모든 여자를 울려.

정답은 바로 '양파'이다.

남편들을 위한 처방

앵글로색슨족의 의서는 아내의 끝없는 수다로 지친 남편들에게 잠자리에 들기 전 무 한 개를 먹을 것을 권고했다.

● 1104년 ●
베이컨과 부부싸움

영국 에식스 지역의 던모우 마을에 살던 주가 베이아드는 1년 하루 동안 부부싸움을 하지 않고 결혼을 후회하지 않겠다고 맹세하는 부부에게 돼지 옆구리살로 만든 베이컨을 주는 전통을 만들었다. 이 전통은 수세기 동안 이어졌고 제프리 초서의 《캔터베리 이야기》 중 〈바스 부인에 대해〉에서도 찾아볼 수 있다.

우리는 베이컨을 받지 못했다. 아마 던모우에 사는 다른 부부가 베이컨을 상으로 받은 것 같다.

이 전통은 1855년에 다시 시작되어 매 윤년 6월마다 지역의 미혼 남녀 각각 6명으로 구성된 심사위원이 1년 하루 동안 행복한 결혼생활을 했다고 여겨지는 부부들에게 옆구리살로 만든 베이컨을 주고 있다.

― *Recipe* ―

들쥐 구이

서기 1126년부터 1138년까지 인도 대륙 남서부에 존재한 서찰루키아 왕조의 왕인 소베스바라 3세는 '마음을 기쁘게 하는 것'이라고 불리는 산스크리트어 고전 《마나솔라사》를 편찬했다. 이 책은 왕에게 즐거움을 주는 것에 대해 소개하는데, 특히 음식에 방대한 양을 할애했다. 매운 요구르트 소스를 곁들인 렌틸 만두, 카다몸으로 양념을 한 돼지고기 요리부터 튀긴 거북 요리나 들쥐 구이와 같은 수많은 요리가 소개된다. 다음은 들쥐 구이를 만드는 법이다.

1. 들판이나 강둑에서 건강한 검은 들쥐를 골라 잡는다.
2. 꼬리를 잡고 뜨거운 기름에 튀겨 털을 제거한다.
3. 뜨거운 물로 씻은 뒤 내장을 갈라 신 망고와 소금으로 간을 한다.
4. 꼬치를 끼워 숯불에 굽는다.
5. 잘 구워진 들쥐에 소금, 쿠민, 렌틸 가루를 뿌린다.

∽ ∽ ∽

● 1135년 ●
칠성장어 과다 섭취

영국의 헨리 1세는 12월 1일 66세(혹은 67세)의 나이에 '칠성장어 과다 섭취'로 죽었다(실제로는 독살의 확률이 더 높음). 동시대 연대기 작가 헨리에 따르면 헨리 1세는 어느 날 노르망디에서 사냥을 한 뒤 배가 고파 칠성장어 요리를 먹었다. 칠성장어는 턱이 없고 못생긴 어류로 다른 물고기에 기생해 사는데, 오랫동안 별미로 알려진 식재료였다. 그러나 칠성장어는 다른 어류에 비해 위험할 정도로 차고 축축한 성질을 갖고 있어 와인에 담가 죽여야 하며, 따듯한 기운을 지닌 허브와 향신료로 요리해야 한다. 헨리 1세의 주치의는 칠성장어를 먹지 말라고 권고했지만, 이를 무시한 헨리 1세는 칠성장어를 먹은 후 갑작스럽게 발작을 일으킨 뒤 죽었다. 헨리 1세의 시신은 황소 가죽으로 덮어 영국으로 보내졌고 이후 리딩 수도원에 안치되었다.

이러한 무서운 일화에도 불구하고 칠성장어 요리는 19세기까지 영국인들의 사랑을 받았으며, 오늘날에도 프랑스의 루아르 지방과 핀란드에서 찾아볼 수 있다. 1633년 영약학자인 사무엘 피프스는 신장 결석 제거 수술이 성공적으로 끝난 것을 기념하며 그가 좋아하던 칠성장어 요리를 먹었다고 한다.

— *Recipe* —

소스를 뿌린 칠성장어

다음은 15세기 중반에 쓰인 요리책에 나오는 칠성장어 레시피이다.

1. 싱싱한 칠성장어를 잡은 뒤 손질해 피를 뺀다. 피는 토기 냄비에 따로 잘 담아 놓는다.
2. 칠성장어를 꺼내 건초를 이용해 살짝 그을린 뒤 깨끗이 씻어 꼬챙이에 끼워 굽는다. 피를 모아둔 토기 냄비를 칠성장어 밑에 놓아 두어 아래로 떨어지는 육즙이 모이게 한다.
3. 양파를 잘게 다진 뒤 와인이나 물을 넣고 살짝 익힌 뒤 양파만 건져 평평한 팬에 옮겨 담는다.
4. 시나몬 가루와 와인을 양파가 담긴 팬에 넣고 끓인다.
5. 파슬리와 약간의 식초, 후추를 뿌린 뒤 모아 둔 칠성장어의 피와 육즙을 넣고 걸쭉해질 때까지 함께 끓인다. 생강가루, 식초, 소금과 샤프란을 넣는다.
6. 잘 구워진 칠성장어를 평평한 그릇에 담은 뒤 위 소스를 부어 제공한다.

∽ ∽ ∽

● 1150년경 ●
마늘의 부작용

 이탈리아 남부 지방 살레르노에서 의술을 연마하던 의사들은 질병을 퇴치하는 데 마늘이 효과적이나, 치명적인 부작용이 있음을 깨닫고 다음과 같은 이행시를 지었다.

> 마늘은 죽은 자를 소생시킬 수 있는 힘이 있으니
> 불쾌한 입 냄새가 나더라도 참아야 하노라.

 7세기 뒤 마담 비튼은 《가정서》(1861)에서 "마늘 냄새는 매우 불쾌하다고 여겨지며 파, 마늘 종류 중 그 맛이 가장 고약하다"고 기록했다.

페퍼콘으로 집세를 낸 영국

 헨리 1세가 죽은 뒤 딸 마틸다와 조카 스티븐의 왕위 계승권 싸움으로 인한 전쟁이 계속되자 화폐가 부족해졌다. 사람들은 은과는 다르게 값이 떨어지지 않는 귀한 향신료로 대신 집세를 내기 시작했는데 이 중에는 페퍼콘(역자 주 : 통후추)도 있었다. 그러나 19세기가 되자 후추의 가격이 상대적으로 떨어져 '페퍼콘 집세'는 아주 적은 임대료를 뜻하는 말이 되었다. 버뮤다의 세인트 조지 마을에서는 아직도 섬의 주지사에게 매년 구 국회의사당 건물 임대료로 은쟁반에 한 개의 페퍼콘을 지불한다. 영국 켄트 지역의 세븐옥스 바인 크리켓 클럽에서는 크리켓 경기를 위해 사용하는 땅과 정자에 대한 임대료로 마을 회관에 매년 두 개의 페퍼콘을 지불하고 있다.

● 1154년 ●
파스타의 전파

아라비아의 지리학자인 무하마드 알 이드리시는 로저 2세가 지배하는 시칠리아 왕국에서 살았다. 그는 저서 《먼 곳으로 여행을 떠나고 싶은 이들을 위한 책》에서 파스타가 이탈리아에 등장한 시점을 언급한다. 다음은 시칠리아의 주도인 팔레르모의 동쪽에 있는 트라비아라는 마을을 묘사한 부분이다.

> 역의 서쪽에는 트라비아라는 아름다운 마을이 있는데 풍차가 많다. 이곳에서는 '이트리야^{itriyya}'를 대량으로 만들어 이탈리아 남부나 이슬람, 기독교 국가들로 수출한다. 많은 배가 이곳에서 떠난다.

이트리야는 2세기 전 지금의 튀니지 지역에서 한 유대인

의사가 쓴 아랍어의 의학 자료에도 언급되는데, 끓여서 요리하는 길고 얇은 건조 밀가루 반죽을 의미한다. 만약 위 기록대로 이트리야가 시칠리아에서 만들어져 널리 수출되었다면 아마 오랫동안 보존이 가능한 듀럼밀을 사용했을 것이다. 사실 이트리야라는 단어는 아랍어가 아니고 '밀가루 반죽을 이용해 끓인 요리'를 뜻하는 그리스어이다. 하지만 이 그리스 요리가 지금의 파스타의 시초인지는 분명하지 않다.

가장 널리 알려진 파스타의 기원은 중국에서 국수를 처음 먹은 베네치아의 여행가 마르코 폴로가 이탈리아에 돌아와 중국의 국수를 소개했다는 주장이다. 이도 근거가 분명하지는 않으나 가설로 치부하기에는 설득력이 있다. 미국의 파스타 제조업자들의 무역 간행물이던 〈마카로니 저널〉에 실린 '케세이 사가'라는 이야기에는 마르코 폴로의 항해에 함께한 스파게티라는 이름의 선원이 중국을 방문한 장면이 나온다.

그는 요리를 하는 현지 남녀에게 시선을 빼앗겼다. 여자는 길게 땅까지 늘어지는 밀가루 반죽을 들고 있었다. 이 지역의 따듯하고 건조한 날씨로 인해 실타래 같은 밀가루 반죽은 금세 굳었는데 굉장히 쉽게 바스러졌다.

스파게티는 이 얇은 실타래 모양의 밀가루 반죽을 소금물에 끓이면 맛이 좋다고 기록했다.

스파게티 선원의 이야기는 아마 지어낸 것일지도 모른다. 그러나 사무엘 골드윈의 1938년 영화인 〈마르코 폴로의 모험〉에서는 중국의 나이 많은 철학자가 마르코 폴로에게 '스파겟spaget'이라 불리는 요리를 대접하는 장면이 나온다. 이 영화를 보면 마르코 폴로는 이 맛에 감탄해 건조된 스파겟을 베니스로 갖고 돌아왔고, 오늘날의 파스타가 되었다.

● 1180년경 ●

런던의 공공 식당

윌리엄 피츠 스테판의 《런던의 가장 귀족적인 도시》라는 책의 서문에는 토머스 베켓의 일대기가 나온다. 이 서문에서는 템즈강의 '공공 식당'에 대한 기록을 엿볼 수 있다.

계절에 따라 다르나 일반적으로 공공 식당에서는 생선이나 육류를 튀기거나 삶은 요리를 판다. 가난한 사람들에게는 질이 떨어지는 재료를 사용하고 부자들에게는 좋은 재료를 사용해 요리한다. 만약에 갑자기 집에 놀러 온 친구가 너무 배가 고프고 지쳐서 식사가 준비되는 시간을 기다릴 수 없다면, 템즈 강변의 공공 식당으로 가서 원하는 음식은 뭐든지 사먹을 수 있다. 낮이건 밤이건 군인이건 여행객이건 사람 수가 많건 적건 간에 누구나 이곳에 가서 허기를 채울 수 있다. 별미를 원하는 사람들을 위한 거위고기나 뿔닭, 멧도요 요리 등도 준비돼 있다. 모든 요리가 있기 때문에 이곳에서 먹고 싶은 음식을 찾는 것은 그다지 어렵지 않다. 이러한 공공 식당은 도시에서 사는 장점이라 할 수 있다.

● 1188년경 ●
따개비기러기는 새일까, 따개비일까?

기랄두스 캄브렌시스는 《역사와 지리》라는 책에서 따개비기러기(역자 주 : 한국에서는 흰뺨기러기라고 불림)를 다음과 같이 기록했다.

따개비기러기는 바닷가에 떠내려 온 전나무 토막에서 부화하는데 갓 태어난 따개비기러기는 마치 고무같이 보인다. 부리를 이용해 나무토막에 길게 매달려 있어 마치 해조류처럼 보이고 따개비 안에서 자란다. 단단한 깃털로 둘러싸여 있어 물속과 물 밖 모두에서 자랄 수 있다. 나무 수액이나 바다에서 먹이를 찾으며 매우 놀라운 방법으로 영양을 섭취한다. 한 번은 직접 나무토막에 매달린 수천 개의 따개비기러기를 본 적이 있는데 모두 따개비 안에서 자라고 있었다. 다른 새들과는 다르게 짝짓기를 하거나 알을 낳지 않고 지상에 둥지를 틀지도 않는다.

위의 기록처럼 중세 시대에는 따개비기러기가 따개비 안에서 태어난다고 믿어 이렇게 이름을 붙였다. 이러한 이름으로 인해 새가 아니라 갑각류로 여겨져 육류를 금하는 단식 기간에도 따개비기러기를 먹는 것은 가능했다. 이와 유사하게 수세기 전 베네수엘라에서는 가톨릭교회에서 단식 기간 중 '카피바라^{capybara}'라 불리는 설치류를 먹는 것을 허용했는데 카피바라가 대부분의 시간을 수중에서 보낸다는 사실에 근거해 카피바라를 물고기로 분류했기 때문이다.

둥지를 틀지 않는 따개비기러기의 미스터리는 1597년 탐험가 빌렘 바렌츠가 '노바야 젬리아'라는 북극권의 외딴 섬에서 따개비기러기의 둥지를 발견하면서 풀렸다.

● 1200년경 ●
교양 있게 트림하는 법
다니엘 베클스는 《교양 있는 사람의 책》에서 세련된 식사 예절에 대해 다음과 같이 정의했다.

1. 부유한 사람의 집에 초대를 받은 경우 수다를 삼가라.
2. 트림을 하고 싶을 때는 천장을 올려다보고 한다.
3. 코를 판 뒤 절대 다른 사람들이 손에 묻은 것을 보지 못하게 하라.
4. 주인에게 감사 인사는 필수다.
5. 말은 집 밖에 나가서 타라.
6. 적이 화장실에 있을 때 공격하는 것은 옳지 못한 행동이다.

베클스는 또한 연회장에서 소변을 보는 일은 무례하지만 주인이 소변을 보는 것은 괜찮다고 여겼다. 이 책에는 "영주의 아내가 식사 도중 영주에게 욕망을 표현하고 싶을 때 가장 좋은 방법은 아픈 척을 하며 침실로 가는 것이다"라는 이야기도 나온다.

중세식 장난

중세 시대의 요리사들은 기발한 요리로 손님을 놀라게 하곤 했다. 파이 안에 실제로 살아 있는 새를 넣어 파이를 자를 때 새가 날아가게 하는가 하면 가짜 오렌지를 만들기도 했다. 가짜 오렌지는 샤프란으로 색을 입힌 쌀을 동그랗게 만들어 다진 고기와 모짜렐라 치즈로 속을 채운 요리이다. 노르만인들은 이를 '쓴 오렌지'를 뜻하는 아라비아어인 '아란지

오'에서 따와 '아란키나^{arancina}'라고 불렀다. 또 다른 요리는 신화 속에 등장하는 닭과 뱀의 모양을 한 괴수 코카트리스를 본 딴 것으로 닭의 앞면과 새끼 돼지의 뒤를 연결해 꿰맨 뒤 파이 반죽으로 덮어 구운 요리이다. 아마 손님을 가장 경악하게 한 요리는 살아 있는 소의 심장 조각을 불에 살짝 구운 요리로 살아 있는 심장 조각이 꿈틀거려 마치 구더기처럼 보였다.

● 1274년 ●

집중력 향상을 위한 방법

새 교황을 선출하기 위한 추기경 비밀 선거인 '콘클라베'는 매우 오랜 시간이 소요되곤 했다. 비테르보에서 열린 한 교황 선거는 무려 33개월이나 걸렸는데, 새로운 교황을 기다리다 지친 비테르보의 주민들은 추기경들이 모인 회의장의 지붕을 뜯어버리고 최소한의 빵과 물만을 줬다고 한다. 이 선거를 통해 중도파인 그레고리 10세가 교황으로 선출됐고, 그는 콘클라베에 관해 새로운 규정을 만들어 헌장을 발표했다. 이 헌장에 따르면, 만약 콘클라베 3일 안에 교황이 선출되지 않으면 이후 5일 동안의 식사는 한 접시로 요리를 제한해 두 끼만을 제공한다. 5일이 지나도 새 교황이 결정되지 않으면 빵과 물만을 제공해야 한다.

1353년 교황청에서는 샐러드와 과일, 수프와 약간의 소시지를 제공하는 것을 허용했다. 그러나 1549년이 되자 규정이 매우 느슨해졌는데 이는 만투아의 곤자가 가족의 대변인이 12월 5일에 쓴 서신에서 잘 나타난다.

> 여기에 모인 추기경들은 이제 한 끼니당 한 접시밖에 먹지 못합니다. 그런데 이 한 접시에 수탉과 송아지 요리, 살라미, 수프가 담겨 있고 삶은 요리라면 뭐든지 더 담을 수 있습니다. 저녁식사는 더 합니다. 저녁이 되면 구운 요리는 뭐든지 먹을 수 있고, 전채 요리, 메인 요리, 샐러드에 디저트까지도 먹을 수 있습니다. 그런데도 어떤 추기경들은 너무 힘들다며 불평을 하곤 해요.

1549년 11월 29일에 열린 콘클라베에서는 추기경들이 3분파로 나뉘어 의견이 분열돼 그 다음해가 되어서야 조반니 추기경(교황 율리오 3세)이 교황으로 선출되었다. 사제가 되기 전 조반니는 약 100명이나 되는 사생아의 아버지였다고 한다. 어머니의 꾸짖음으로 정신을 차리고 다시는 여자를 가까이 하지 않겠다고 다짐한 뒤 이러한 다짐을 지키기 위해 소년들에게 눈을 돌렸다. 교황이 된 뒤 그는 17살의 어린 동성 연인을 주교로 세우기도 했다.

율리오 3세가 과식으로 인해 건강이 악화되자 당대의 유명한 셰프 바르톨미오 스카피는 프로바투라 치즈와 설탕, 장미수, 크림, 달걀 흰자를 사용해 열량을 낮춘 '로얄 화이트 타르트'란 요리를 개발했다.

● 1284년 ●

타파스의 기원

레온-카스티야 왕국의 왕 알폰소 10세가 1284년 4월 4일에 사망했다. 알폰소 10세가 과음으로 몸이 쇠약해지자 주치의는 식사 사이마다 간식을 먹으라고 권고했다. 이러한 방법으로 건강이 회복되자 알폰소 10세는 새로운 법을 제정해 술집에서 와인을 팔 때 반드시 각 잔마다 곁들여 먹을 음식을 함께 내도록 했다. '타파스'의 '타파'는 본래 '뚜껑'이나 '덮개'란 뜻으로 안달루시아 지방에서 과실주를 마실 때 파리가 꼬이는 것을 막기 위해 빵이나 햄, 초리조 슬라이스로 잔을 덮었던 것에서 유래했다고 한다.

● 1290년 ●

올바른 식사예절

밀라노의 본스베신 데 라 리바는 다음과 같이 《식사 예절 50》이라는 책에서 올바른 식사 예절에 대해 설명했다.

절대로 손가락으로 귀를 후비거나 머리를 긁지 말아야 하며, 음식을 먹는 중에 신체의 더러운 부분을 긁으면 안 된다.

그는 또한 접시에 대고 재채기를 하거나 와인을 마시기 전에 입을 닦지 않는 것, 다른 사람들이 식사를 끝내기 전에 나이프를 칼집에 넣는 것(역자 주 : 당시에는 손님이 각자 본인의 나이프를 가져와야 했음)이 예의 없는 행동이라고 덧붙였다.

이로부터 100년 뒤 독일의 한 작가는 올바른 테이블 예절에 대해 다음과 같이 말했다.

정 간지러움을 못 참겠으면 옷의 일부를 이용해 가려운 부분을 긁도록 하라. 손으로 직접 긁는 것보다는 이 방법이 더 세련된 예절이다.

중세 시대의 또 다른 작가는 "은밀한 신체 부위를 남들이 보지 못하게 하라. 이는 정말로 혐오스럽고도 무례한 행동이다"라고 말했다.

● 1300년경 ●

생명수

카탈로니아의 연금술사겸 점성술사이자 의사였던 아르날두스 드 빌라노바는 맑은 과실 브랜디가 의학적으로 도움이 된다고 생각해 "브랜디는 건강과 젊음을 유지시켜주고 피부병을 없애며 심장을 튼튼하게 해준다"라고 기록했다. 브랜디의 불어인 '오드비$^{eau\ de\ vie}$'는 실제로 '생명수'란 뜻이다. 뿐만 아니라 증류주를 나타내는 라틴어인 '아쿠아 비태$^{aqua\ vitae}$', 캐러웨이나 딜이 들어간 증류주를 나타내는 스칸디나비아의 '아크바비트^{akvavit}', 이후 '위스키'의 어원이 된 스코틀랜드 켈트어 '우스큐뵈하^{usquebaugh}' 모두 다 '생명의 물'이란 뜻이다. 중세 의사들은 건강을 위해 브랜디를 적당히 마실 것을 권고했다.

● 1312년 ●

개비스턴의 포크

영국 에드워드 2세의 총애를 받던 프랑스인 피어스 개비스턴은 영국 남작들에게 포박되어 죽임을 당했다. 개비스턴과 에드워드 2세가 실제로 연인이었는지는 불분명하나 이후 개비스턴이 죽은 뒤 그의 소지품에서 포크가 발견되어 둘 사이의 애정이 얼마나 컸는지가 밝혀졌다. 이탈리아에서는 이미 2세기 전 포크를 사용하기 시작했지만 영국과 북부 유럽에서는 17세기 후반까지 오직 왕족만 포크를 사용했다. 1611년 영국의 여행가 토마스 코리어트의 《프랑스·이탈리아 5개월 방문기》(1611)를 보면 포크가 굉장히 생소한 도구였음을 알 수 있다.

> 이탈리아인이나 이탈리아에 머무르는 대부분의 외국인은 식사를 할 때 한 손에는 포크를 쥐고 고기를 고정해 다른 한 손에 쥔 나이프로 고기를 썬다. 여러 사람과 식사를 하는 자리에서 고기를 자를 때 손을 이용하면 예의범절을 무시한 무례한 행동으로 여겨진다.

코리어트는 영국에 포크를 전파한 것으로 알려져 있는데 이로 인해 '포크잡이'라는 뜻의 라틴어 '푸르키페르^{furcifer}'란 별명을 얻었다. 애초에 영국의 포크는 갈퀴가 2개밖에 없었으나 점차 음식의 크기가 작아짐에 따라 포크의 갈퀴도 3개로 늘어나게 되었다.

● 1341년 ●
산돼지 머리 축제
옥스퍼드의 퀸스칼리지는 에드워드 3세의 부인인 필리파

왕비의 왕실 목회자였던 로버트 드 에클레스필드에 의해 세워졌다. 퀸스칼리지의 유명한 전통 중 하나는 바로 매년 크리스마스 기간에 열리는 '돼지 머리 축제'이다. 윌리엄 헨리 허스크는 《성탄절 노래 모음집 : 크리스마스 캐롤, 고대와 현대》(1860)에서 다음과 같이 적었다.

> 이 축제는 한 퀸스칼리지 학생의 용맹함을 기리기 위한 것으로 어느 날 아리스토텔레스의 책을 읽으며 숲을 걷고 있는데 갑자기 야생 산돼지가 나타나 이 학생을 공격했다. 그는 용감하게 읽고 있던 책을 돼지의 목구멍으로 밀어 넣고 "이게 바로 그리스의 힘이다!"라고 소리쳤다고 한다. 산돼지는 질식해 죽었다.

축제의 시작을 알리는 산돼지 머리 요리가 나오면 합창단은 '산돼지 머리 캐롤'을 부른다. 이 외에도 크리스마스에 산돼지 머리 축제를 여는 곳이 많은데 이 축제는 노르웨이의 이교도 전통에 기원을 두고 있다. 이교도인들은 동지점이 되면 프레이야 여신에게 산돼지를 바치곤 했는데, 이러한 전통이 이어져 아직도 많은 사람들이 크리스마스에는 칠면조 요리와 함께 전통적인 돼지고기 햄요리를 함께 먹는다고 한다.

• 1346년 •
프렌치토스트의 유래

그레시 전투 이후 프랑스 군에게 포박된 영국의 기사들은 그들의 몸값을 지불하느라 갖고 있던 땅을 모두 팔아야 했다. 빈털터리가 되어 고향에 돌아온 이들에게 영국의 에드워드 3세는 '가난한 윈저 기사단'이라는 이름을 하사한 뒤 윈저성에 거처를 마련해주고 연금을 주었다.

정확한 유래는 알 수 없지만 이후 독일에서는 달걀물을 입힌 토스트를 '가난한 기사들'이라는 뜻의 '알메 리터$^{Arme\ Ritter}$'라 부르기 시작했고, 영국에서는 이를 '독일식 토스트'라고 부르다 1차 세계대전 이후 동맹국인 프랑스를 기리는 의미로 '프렌치 토스트'라 바꿔 불렀다. 정작 프랑스인들은 프렌치토스트를 '못 쓰게 된 빵'이란 뜻의 '팡 페흐뒤$^{Pain\ Perdu}$'라고 부르는데, 딱딱해져 못 쓰게 된 빵을 가장 맛있게 먹을 수 있는 레시피라는 뜻에서 붙여진 이름이다. 영국의 인도 식민지 통치 시기에 인도에서는 이를 '허둥지둥'이란 뜻의 '허리-스커리$^{hurry\text{-}scurry}$' 또는 '봄베이 푸딩'이라고 불렀다.

— *Recipe* —

'가난한 기사단' 토스트

다음의 요리는 오늘날 '프렌치토스트'라 불리는 토스트 요리로 1659년 미상의 작가에 의해 편찬된 《완벽한 요리사》란 책에서 가져온 레시피다.

1. 빵을 슬라이스한 뒤 크림 반 파인트나 물에 살짝 담근 뒤 접시 위에 올린다.
2. 달걀 3개, 넛메그, 설탕, 크림을 함께 섞는다.
3. 빵의 한쪽 면에만 달걀을 입혀 버터를 녹인 팬에 놓는다. 팬에 놓은 채로 달걀을 입히지 않은 면에 나머지 달걀을 입힌다.
4. 장미수, 설탕, 버터를 함께 곁들여 낸다.

∽ ∽ ∽

● 1348년 ●

그라브락스의 유래

'그라브락스^{gravlax}'라는 말이 처음 기록된 것은 1348년이다. 이 기록에 따르면 스웨덴 중부 엠틀란트에 살던 한 남자는 '그라브락스'라고 불렸는데, '무덤'과 '연어'를 뜻하는 요리인 '그라브락스'를 만들어 팔았기 때문에 이러한 이름으로 불렸다고 한다.

전통적으로 그라브락스는 무덤처럼 땅에 구멍을 판 뒤 소금에 재운 연어를 넣고 그 구멍을 자작나무 껍질과 돌로 막아 일주일간 발효시킨 음식을 일컫는다. 이렇게 발효된 연어는 살이 연하고 부드러워 날로 먹어도 좋다. 오늘날에는 연어를 묻는 대신에 연어의 뼈를 제거해 두 토막으로 만든 뒤 한 토막은 껍질이 아래로 가도록 접시에 놓는다. 그리고 딜, 소금, 설탕, 백후추를 뿌리고 나머지 토막을 껍질이 위로 가게 올려놓은 뒤 무거운 판자로 눌러 놓는 방식으로 만들어진다. 두 시간마다 연어를 뒤집어주는데 3일이면 맛있는 그라브락스가 완성된다.

● 1350년 ●
파이 재굽기 금지법

당시 런던에서는 토끼 패스티(역자 주 : 패스추리의 안을 채워 구운 것)를 1페니 이상에 파는 것을 법으로 금지했다. 그리고 하루가 지난 육류를 파는 것, 이미 구운 파이를 다시 구워 파는 것이 모두 금지되었다. 제프리 초서의 《캔터베리 이야기》 중 미완의 작품인 〈요리사의 이야기〉에는 주인이 '잭-오브-도버$^{\text{Jack-of-Dover}}$'라는 파이를 다시 구운 요리사를 질책하는 장면이 나온다.

어서 말해보거라, 로저. 지금 이 파이가 맛있어 보이나? 파이를 다시 구워 맛있는 그레이비 소스가 다 빠져 나가버렸지 않은가? 차가워진 잭-오브-도버를 다시 구워 판 그대에게 신의 저주가 있을 것이다.

파마산치즈 산

조반니 보카치오는 《데카메론》에서 이탈리아인의 천국을 다음과 같이 묘사한다.

> 파마산치즈로 만들어진 산이 있다. 이 산 정상에 올라가면 사람들이 마카로니와 라비올리를 만들어 닭육수에 요리한 뒤 치즈 언덕에 굴려 치즈를 골고루 묻힌다. 마카로니와 라비올리가 더 많이 구를 수록 더 많은 파마산치즈를 얻을 수 있다.

파마산치즈는 13세기 파르마의 아다모 살림베네라 불리는 수도사의 기록에 처음 등장한다. 이후 1568년 바르톨미오 스카피라는 유명한 요리사는 자신의 요리책에서 파마산치즈가 세계 최고의 치즈라고 적었다. 또한 영국의 새뮤얼 피프스는 1666년 런던 대화재 당시 화염으로부터 보호하기 위해 귀중품과 함께 와인과 파마산치즈를 함께 묻기도 했다. 파마산치즈의 이러한 인기는 오늘날에도 계속 되는데 실제로 이탈리아 슈퍼마켓에서 가장 많이 도난을 당하는 물품이 바로 파마산치즈라고 한다.

● 1357년 ●
식음전폐로 죄를 사면 받은 여인

로버트 챔버스는 저서에서 다음과 같이 놀라운 이야기를 기록했다.

토마스 라이머의 《조약》에는 에드워드 왕 3세와 관련된 일화가 나온다. 당시 세실리아라는 여자가 남편을 죽인 죄로 노팅험 감옥에 갇히게 되었는데, 이후 40일 동안이나 식음을 전폐하고 묵언수행을 했다. 이러한 소식이 왕에게 전해지자 세실리아를 가엾이 여겨 그녀의 죄를 사면했다. 이 사면령이 내려진 날은 에드워드 3세 31년 4월 25일이었다(서기 1357년).

• 1390년경 •
백조 피로 요리한 백조 요리

제프리 초서의 《캔터베리 이야기》에 나오는 한 수도사는 "살찐 백조는 수탉 요리에 비할 바가 못 된다"고 말한다. 중세 시대에 백조가 가장 값비싼 가금류였다는 점을 고려할 때 아마 이 수도사는 사치스러운 요리를 좋아했던 것으로 보인다. 가장 인기 많은 레시피는 백조 고기를 요리한 뒤 백조의 내장을 잘게 다져 피와 함께 졸여 만든 검은 소스를 곁들인 것이었다. 백조 고기의 비린 맛을 없애기 위해 때로는 도축 전에 오트를 먹이기도 했다.

— Recipe —

황금 돼지 위에 올린 황금닭 요리

프랑스의 궁정 요리사였던 기욤 티렐(1310~1395)은 《르 비앙디에》라는 요리책으로 잘 알려져 있다. 이 책에서 티렐은 맛만큼이나 요리를 선보이는 방식이 중요하다고 주장하는데 다음에 소개되는 요리는 이러한 티렐의 철학을 잘 보여준다.

::: 헬멧을 씌운 수탉 요리 :::

1. 돼지와 닭을 통째로 굽는다.
2. 거품을 낸 달걀 반죽으로 닭의 표면을 글레이징한다.

3. 글레이징이 된 닭에 종이로 투구를 만들어 씌우고 창을 고정시킨 뒤 돼지 위에 올려놓는다.
4. 영주들을 위한 요리일 때는 금과 은색의 잎으로 장식을 하고, 그보다 낮은 계급을 위한 요리일 때는 빨간색과 초록색을 사용해 장식한다.

∽ ∽ ∽

● 1400년경 ●
천 년 된 달걀

'천 년 된 달걀' 또는 '백 년 된 달걀'이라고 알려진 중국의 진미인 '피단(皮蛋)'의 유래는 6세기 전 명나라로 거슬러 올라간다. 전설에 따르면 후난지방의 한 남성이 집을 만들고 남은 회반죽 더미에서 2개월 정도 삭힌 오리알을 발견해 호기심에 먹어보았는데 맛이 좋았다고 한다. 오늘날에는 석회, 나무 재, 소금으로 만든 반죽에 달걀을 묻고 몇 달간 묵혀두는 방식으로 피단을 만든다. 피단이 완성되면 흰자가 회색이나 어두운 초록색으로 변하고 암모니아 냄새가 나는데 부드러운 식감을 자랑한다. 피단의 암모니아 냄새 때문에 많은 사람이 오줌에 묵힌 요리라고 오해를 한다. 실제로 태국에서는 피단을 '말오줌달걀'이란 뜻의 '카이 이오우 마$^{khai\ yiow\ ma}$'라고 부른다.

● 1450년경 ●
판의 효능

인도 남부 비자야나가라 왕국의 페르시아 대사는 왕이 수백 명의 공주와 첩이 기거하는 하렘을 유지하는 비결이 바로 '판^{paan}'이라고 믿었다. 판은 베텔야자 열매(남성을 상징)에 라임과 향신료를 넣은 뒤 베텔야자 잎(여성을 상징)으로 감싼 것을 일컫는데, 오늘날까지도 많은 인도인이 입 냄새를 방지하고 소화를 돕기 위해 판을 씹는다. 판을 많이 씹으면 피 색의 가래를 자주 뱉게 되고 치아가 검게 변색되는데, 과다하게 섭취하면 구강암에 걸릴 확률을 높인다고 한다.

● 1453년 ●
클레프티코의 탄생

오스만 투르크가 콘스탄티노플을 함락하고 그리스를 지배하자 많은 그리스인은 항복 대신 산으로 도망가 산적이 되었다. 이 '게릴라 겸 노상강도'들은 '훔치다'라는 뜻의 그리스어 '클레프테인^{klephtein}'에서 따와 '클레프츠^{klephts}'라고 불리웠다. 이 단어는 병적 도벽을 뜻하는 영어 단어인 '클렙토마니아^{kleptomania}'의 유래이기도 하다. 클레프츠들은 훔친 양을 요리할 때 연기를 최대한 내지 않기 위해 구덩이를 파 화덕을 만든 뒤 천천히 요리를 했는데, 바로 여기에서 그리스의 전통 요리인 '클레프티코^{kleftiko}'가 탄생했다. 클레프티코는 마늘과 레몬즙으로 양념한 양고기를 뼈째 천천히 요리한다.

— *Recipe* —
대주교의 연회
1465년 조지 네비의 요크 대주교 임명을 기념하기 위해 큰 연회가 열렸다. 1468년에 편찬된 《신성한 요리책》이라는 제목의 한 원고는 당시 연회에 나온 요리를 다음과 같이 기록했다. 이 원고는 이후 영어로 기록되어 인쇄된 최초의 요리책이 되었다.

- 코스 1 : 머스타드를 곁들인 머리 고기 - 사슴 고기와 우유 밀죽 - 꿩 - 백조 구이 - 부비새 요리 - 갈매기 요리 - 수탉 요리 - 왜가리 구이 - 강꼬치 고기 요리 - 튀김 요리 - 커스터드
- 코스 2 : 사슴 고기 - 공작 요리 - 토끼 구이 - 물떼새 요리 - 4종류의 도요새 요리 - 황소 요리 - 보라색 크림 - 타르트
- 코스 3 : 대추 콩피 - 두 종류의 물새 구이 - 꿩 구이 - 뜸부기 구이 - 왜가리 구이 - 토끼 요리 - 메추리 요리 - 물새 구이 - 제비 구이 - 종다리 구이 - 제비 요리 - 철갑상어 요리 - 마르멜로 잼
- 코스 4 : 크림 - 포타지(역자 주 : 진한 수프) - 강꼬치 고기 요리 - 칠성장어 요리 - 연어 요리 - 성대 요리 - 가자미 요리 - 장어구이 - 송어 요리 - 농어 요리 - 넙치 요리 - 새우, 게, 랍스터 요리

∽ ∽ ∽

● 1465년 ●
요리에 있어서만은 질 수 없다

이탈리아의 인문주의자이자 왕립학교의 회원이던 바르톨로미오 플라티나는 《영광스러운 즐거움과 건강에 관하여》란 책에서 고대의 가르침과 도덕적 철학과 더불어 당대의 저명한 요리사인 마르티노 데 로씨의 레시피를 기록했다. 이 책은 최초의 인쇄 요리책으로 1470년에 처음 출판됐다.

대부분의 르네상스 인문주의자들이 고대의 예술과 철학을 경외하고 이를 절대로 뛰어넘어서는 안 될 것으로 여기는 것에 반해 플라티나는 "고대 선조의 요리가 우리의 요리보다 더 낫다고 여길 이유는 없다. 우리의 선조가 모든 예술에서 우리를 능가한다고 할지라도 요리에 있어서만은 우리도 뒤지지 않는다"며 보다 현대적인 요리를 옹호하기도 했다. 이러한 주장의 근간에는 바로 요리 대가 마르티노가 개발한 디저트 비앙코망제가 있었다. 플라티노는 이 디저트를 너무 사랑해서 "불멸의 신이시여! 제 친구 마르티노에게 이러한 훌륭한 영감을 주시다니!"라며 매번 감탄했다고 한다.

플라티노는 또한 설탕을 많이 넣는다고 해서 음식이 맛있는 것은 아니며, 곰 구이는 간과 비장에는 좋지 않으나 탈모

방지에는 도움이 된다고 조언하였다.

책을 집필한 지 3년 후인 1468년 플라티나와 왕립학교의 동료 회원들은 교황 바오로 2세를 음해하려 한다는 죄로 모두 체포되었다. 이후 신을 부정하고 고대 로마의 신을 숭배한다는 죄목이 추가되었다. 플라티나의 경우에는 그의 책을 증거로 폭식과 방탕 죄가 추가되었다. 실제로 이들이 교황을 살해하려는 음모를 꾸몄는지에 대해서는 알려진 바가 없다. 플라티나와 그의 동료들은 고문을 받았지만, 결국 풀려났다. 바오로 교황의 후계자인 교황 식스투스 4세는 이후 플라티나를 바티칸의 도서관장으로 임명했고 이를 기념하기 위해 멜로초 다 포를리의 유명한 벽화가 탄생했다.

— Recipe —

허영심 많은 공작새

플라티나는 《영광스러운 즐거움과 건강에 관하여》(1465)에서 공작 요리는 소화가 어렵고 우울증을 유발할 수 있기 때문에 조심해야 한다고 경고했다. 뿐만 아니라 공작새는 허영심이 많은 새이기 때문에 이 요리를 좋아하는 사람들 역시 허영심이 넘치고 단순히 운과 타인의 멍청함 덕에 부자가 된 천한 사람들이라고 비꼬았다. 플라티나는 단순히 도덕적인 선을 추구한 것이 아니라, 즐거움과 자기 절제 사이의 완벽한 균형을 찾고자 했다. 하지만 다음과 같이 허영심 많은 공작 요리법에 대해 소개한 것으로 보아 결국 그 자신도 완벽하게 자기 절제를 하던 인물은 아닌 것 같다.

1. 우선 공작의 목부터 꼬리까지 얕게 칼집을 낸다.
2. 껍질과 깃털, 머리와 다리를 모두 제거한다.
3. 공작 속을 채운 뒤 꼬치에 끼워 굽는다.
4. 공작이 다 구워지면 다시 껍질과 깃털을 덮고 다리와 머리도 실로 다시 연결한다.
5. 보다 더 화려한 요리를 대접하고 싶다면 기름에 담가둔 양털을 공작의 입에 넣은 뒤 불을 붙여 요리를 낸다.

아마도 이렇게 사치스러운 요리는 허영심 많은 손님들을 즐겁게 했을 것이다.

∞ ∞ ∞

● 1471년 ●

교황의 사인 – 멜론 과다 섭취

교황 바오로 2세가 1471년 6월 26일에 서거했다. 앞서 말한 이탈리아의 인문학자 플라티나는 교황 바오로 2세의 명에 의해 감금되었고, 고문을 받아야 했다. 이후 플라티나는

《교황들의 전기》(1479)에서 다음과 같이 복수한다.

> 교황 바오로 2세는 다양한 요리를 맛보는 것을 좋아했는데 좋아하는 요리가 안 나오면 몹시 언짢아했다. 교황 바오로 2세가 생전에 좋아한 음식은 멜론, 게, 사탕, 생선과 베이컨이었다. 개인적으로는 건강하지 않은 식습관 때문에 교황 바오로 2세가 사망했다고 생각하는데, 죽기 전 날 큰 멜론을 2개나 먹었기 때문이다.

● 1475년 ●

애솔 브로즈의 기원

'애솔 브로즈$^{Atholl\ Brose}$'는 오트밀, 꿀, 위스키를 사용해 만든 스코틀랜드의 유명한 디저트이다. 이 디저트는 로스의 백작이자 영주였던 존 맥도날드가 제임스 3세에게 대항해 반란을 일으킨 시기에 만들어졌다고 알려져 있다. 반란을 일으킨 백작을 잡기 위해 충성스러운 애솔의 백작은 스코틀랜드 북부 스카이 섬의 작은 우물을 꿀과 위스키로 채웠다. 로스 백작은 덫에 넘어가 이를 마시며 만취한 상태에서 쉽게 잡혀 버렸다. 그러나 이후 도망갔고, 1503년까지 살았다고 한다.

또 다른 가설은 애솔 브로즈가 1745년의 찰리 왕자가 이

끈 반란에서 유래했다는 것이다. 당시 애솔의 공작은 하노버 왕가의 사람으로 위와 같은 방법으로 승리를 거두었다고 한다. 이로 인해 영국의 시인인 토마스 후드는 다음과 같은 시로 애솔 백작을 기념했다.

> 스코틀랜드의 전사들이 만든 술에 취해
> 독일인 여행가는 기쁨에 차 소리치네.
> 애솔에서 만든 술이 이렇게 맛있다면
> 애솔에서 만든 모든 것은 훌륭할 거야!

● 1492년 ●

콜럼버스의 발견

카리브해에 도착한 콜럼버스는 이곳이 동인도라고 확신해 현지에서 발견한 매운 향신료를 '인도의 페퍼(후추)'라 불렀다. 사실 이 향신료는 고추과의 식물인 칠리의 열매에서 나온 것이었다. 칠리는 신대륙에서 자생하는 종으로 원주민들이 약 기원전 4000년부터 먹었던 열매이다. 아직도 이 열매는 후추와는 전혀 관련이 없음에도 불구하고 '칠리 페퍼'라고 불린다.

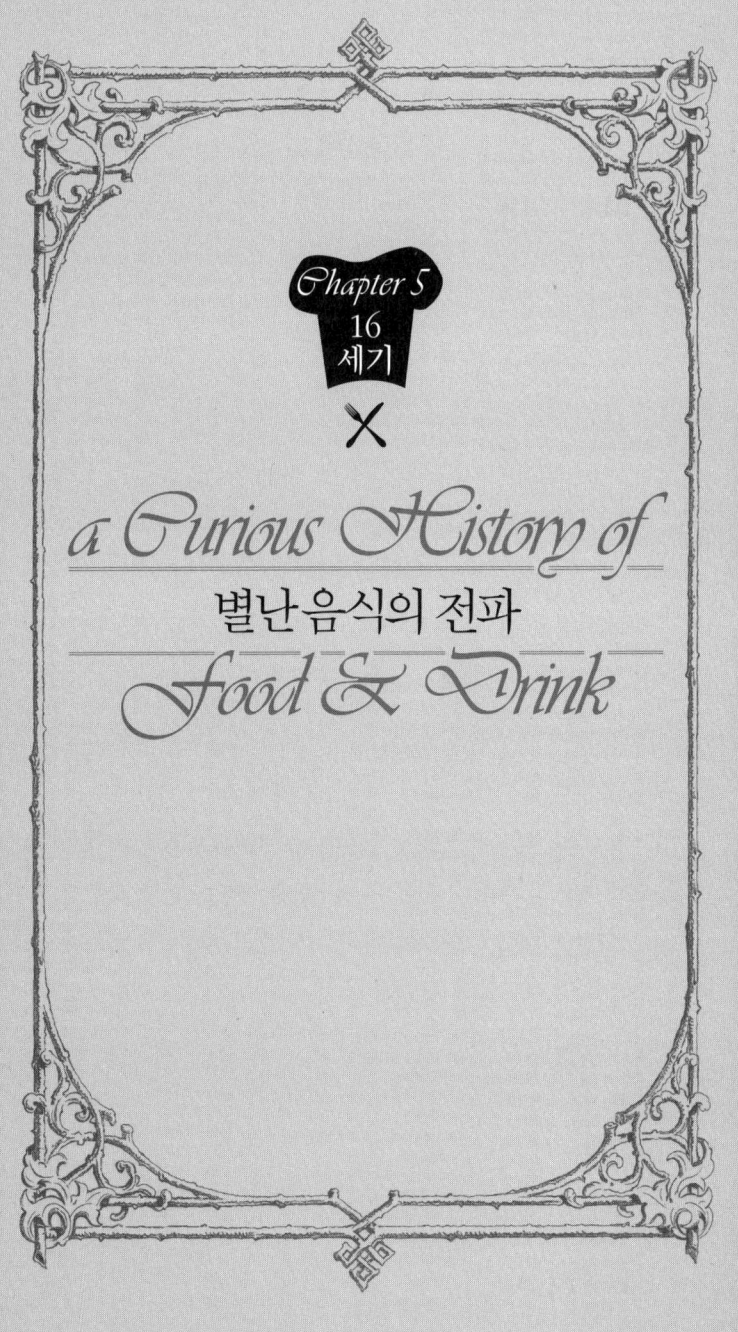

Chapter 5
16세기

a Curious History of
별난 음식의 전파
Food & Drink

● 1500년경 ●
버터 타워

 1500년경 루앙 대성당에서는 '버터 타워'의 건축을 시작했다. 이 타워가 버터라는 이름을 갖게 된 이유는 바로 버터를 좋아하는 노르만족이 교회로부터 사순절 기간 동안 버터를 먹어도 된다는 특별 사면을 받기 위해 모은 기금으로 지어졌기 때문이라고 한다.

● 1505년 ●
칠리의 전파

 포르투갈은 인도의 코친에 첫 식민지를 세운 뒤 5년 후 고아에 정착지를 구축했다. 칠리 고추의 강한 맛을 빼놓고는 오늘날의 인도 요리를 떠올릴 수 없지만 포르투갈들의 등장하기 전에는 인도에는 칠리 고추가 없었다. 당시 인도에서 가장 매운 향신료는 후추였다. 칠리 고추 외에도 인도 요리에서 중요한 재료인 파파야, 구아바, 파인애플 등이 모두 포르투갈이 전파한 것이다. 포르투갈인이 아메리카 대륙에서 가져온 토마토와 감자는 인도가 영국의 식민 지배를 받기 전까지는 별 인기가 없었다.

— *Recipe* —

빈달루 : 포르투갈식 커리

가장 매운 커리로 알려진 빈달루는 포트투갈의 식민지였던 고아에서 탄생한 음식으로 빈달루라는 이름과 요리의 특성은 와인, 고기, 마늘을 넣고 만든 포르투갈의 '까르네 데 빈다 달로스'라는 음식에서 기원했다. 와인과 고기, 마늘은 빈달루의 필수 재료이다. 인도의 빈달루는 포르투갈 요리에 향신료를 추가하고 와인 대신 식초를 사용했다. '빈달루'라는 단어는 W. H. 다우의 《인도 요리 만들기》(1888)에서 '포르투갈식 커리'라고 처음 소개되었다. 다음은 다우의 빈달루 레시피다.

- 재료 : 기버터 168그램, 라드 또는 오일, 다진 마늘 1 스푼, 다진 생강 1스푼, 칠리고추 가루 2 티스푼, 코리앤더 씨 1 스푼, 로스트 코리앤더 씨 가루 반 티스푼, 월계수 잎 2~3장, 페퍼콘 7그램, 구운 정향 6개의 가루, 로스트 소두구(6개) 가루, 시나몬 스틱 6개, 식초 $\frac{1}{2}$ 파인트

1. 돼지고기나 소고기 1킬로그램을 준비한 뒤 크게 깍둑썰기한다. 소금과 식초에 위의 모든 재료를 섞은 뒤 하룻밤 동안 고기를 재운다.
2. 기버터나 라드, 오일을 팬에 녹인 뒤 재워둔 고기와 양념을

넣는다. 페퍼콘과 월계수잎을 넣고 약불에서 2~3시간 동안 고기가 연해질 때까지 요리한다.

* 다우는 돼지고기를 사용하는 경우 정향과 소두구, 시나몬을 사용하지 말라고 권고했다.

∽ ∽ ∽

● 1510년 ●

코니시 패스티의 유래

2006년 토드 그레이 박사는 영국 데본주의 에지컴브에서 오늘날의 '코니쉬 패스티$^{Cornish\ Pasty}$'로 보이는 레시피를 발견했다. 밀가루와 후추, 사슴고기를 사용하는 이 레시피는 1510년의 것으로, 이전에 가장 오래되었다고 알려진 1746년의 레시피보다 무려 236년이나 더 오래된 레시피이다.

그러나 일부에서는 12세기 콘월 지방에 이미 패스티가 존재했다고 주장한다. 12세기 크레티엥 드 트루와의 아서왕 로맨스인 〈에릭과 에니데〉에는 "기베르트는 품고 온 패스티 2개를 꺼냈다. '친구여, 이제 이 차가운 패스티를 좀 먹어보게'"라는 말이 나오기 때문이다. 등장인물인 기베르트와 에릭이 모두 콘월 지방 사람이기 때문에 이는 어느 정도 설득력이 있는 주장으로 보인다.

19세기에 콘월 지방에서는 주석 광산의 광부들을 위한 점심 메뉴로 코니시 패스티가 큰 인기를 끌었다. 잘게 다진 고기와 야채를 넣은 패스티는 한쪽 면에 두꺼운 크러스트가 있어 광부들이 더러운 손으로 패스티를 만지지 않아도 됐다. 광부들은 크러스트를 잡고 먹은 다음에 크러스트는 버렸다.

2011년 유럽연합은 코니시 패스티에게 '지리적 표시자격PGI'을 부여했으며 이로 인해 코니피 패스티는 '파르마 햄'이나 '까망베르치즈'와 같이 지역적인 음식으로 보호될 수 있게 되었다. PGI 부여에 따라 '코니시 패스티'라는 이름을 사용하기 위해서는 패스티가 반드시 콘월 지방에서 만들어져야 될 뿐만 아니라 전통적인 D 모양의 크러스트가 있어야 한다. 또한 패스티 속에는 반드시 약하게 간이 된 소고기, 순무, 감자, 양파를 넣어야 한다. 그러나 1940년대의 아이들이 부르던 노래가 유럽연합의 검열을 통과했는지는 의문이다.

매튜, 마크, 루크와 존은
5피트나 되는 패스티를 먹었다.
한 입, 두 입,
세상에! 패스티 안에는 쥐가 가득해.

• 1518년 •

파네토네가 바바가 되기까지

이탈리아의 귀족 보나 스포르차는 폴란드의 국왕인 지그문트 1세와 결혼해 폴란드의 왕비이자 리투아니아의 대공비가 되었다. 이때 스포르차가 밀라노의 '파네토네'라는 빵의 레시피를 가져왔고 이 레시피가 슬라브족의 요리인 '바바^{Baba}'를 낳았다고 여겨진다. 바바는 원통형의 틀에서 세워서 구운 빵으로 단맛이 나는데, 아주 특별한 요리로 여겨졌다. 또한 남자가 없는 주방에서 반죽을 깃털 이불 위에 올린 채로 휴지시켜야 하고, 오븐에서 요리가 완성되기 전까지 모두가 속삭여서 말을 해야 한다고 한다. 바바의 원래 레시피는 이탈리아에서 왔지만 추수 기간에 사람의 키만큼 긴 빵을 만드는 전통은 중세 시대부터 시작되었다. '바바'라는 이름은 '할머니'란 뜻으로 사람의 모양을 본 떠 만든 빵의 모양에서 유래한 이름이다.

• 1526년 •

음식 때문에 인도 정복을 후회한 왕

무굴제국의 첫 황제인 바부르는 인도 북부를 정복한 이후 그다지 행복해하지 않았다. 바부르 황제는 "인도 북부 지방은 매력이 하나도 없다"라며 저서인 《바부르나마》에서 "이곳의 모든 지역은 정말 불쾌하다"라고 기록했다. 중앙아시아 출신인 바부르 황제가 가장 마음에 들지 않아 한 것은 바로 인도 북부의 음식이었다. 바부르 황제는 "이곳에는 좋은 고기도 없고 포도, 멜론 등의 과일도 없다. 얼음은커녕 차가운 물도 없다. 시장에 가도 좋은 빵이나 음식을 찾기 힘들다"라고 적었다. 이후 궁전 정원사들이 인도에서 포도와 멜론을 키우는 데 성공했으나, 맛이 너무 없어 황제는 고향을 더욱 그리워하게 되었다.

인도 음식을 좋아하지 않았음에도 불구하고 바부르 황제는 통치하에 있던 술탄의 궁중 요리사들을 고용했다. 그러나 이들의 요리를 먹은 뒤 극심한 고통이 오자 음식에 독을 탔을지도 모른다고 생각했다. 그래서 개에게 자신의 토사물을 먹이자 개가 바로 죽었다. 황제는 다행히 곧 건강을 회복했고, 이후 술탄의 어머니가 요리사에게 독을 넣으라고 시킨 것이 밝혀졌다. 진노한 바부르 황제는 고문끝에 자백한 요리사를 산채로 가죽을 벗겨 버렸고, 독을 제대로 감별하지 못한 기미 상궁 역시 토막을 내 죽였다. 그러나 이 모든 계략을 짠 술탄의 어머니는 감옥에 가두기만 했을 뿐 큰 벌을 주지는 않았다.

● 1527년 ●
빵과 마늘만 먹은 후작 부인

1527년 5월 독일 용병들이 로마를 약탈하자 만투아의 후작부인 이데벨라 테스테는 8일 동안 집 밖을 나가지 못했다. 이후 그녀는 당시 가난뱅이처럼 빵과 마늘만 먹고 살아야 했다며, 이때의 충격에서 헤어 나오지 못하고 있다고 기록하고 있다.

— Recipe —

르네상스의 연회

1529년 1월 24일 페라라의 공작 알폰소 1세 데스테의 집사인 크리스토포로 다 메시스부고는 르네상스 시대에서 가장 화려한 연회로 손꼽히는 연회를 준비했다. 이 연회는 알폰소 1세의 아들인 에르콜레 데스테와 프랑스 루이 12세의 딸인 르네와 결혼을 기념하기 위한 것으로 무려 8주나 계속되었다고 한다.

이 연회는 약 50개의 정교하게 구성된 요리를 5코스로 선보였는데, 에르콜레를 기리기 위해 헤라큘레스의 12공적을 보여주는 설탕 조각상들로 테이블을 장식했다고 한다. 100여 명의 손님들은 꽃과 과일이 넘치도록 담긴 코르누코피아로 장식된 연회장에서 광대의 공연, 코미디, 마드리갈(역자 주 : 성악곡) 등의 예술 공연을 즐겼다.

대부분의 요리는 육류나 생선 요리로 건포도, 정향, 시나몬, 후추, 넛메그, 설탕, 달걀, 치즈, 와인 등으로 요리했다. 다음은 이 연회에서 제공된 요리이다.

"돼지 리솔(역자 주 : 페이스트리에 싼 고기 만두의 일종), 페스추리에 감싼 돼지 간 소시지, 블라망주로 감싼 수탉고기, 카울(창자 막)안에 넣은 수탉 간, 오렌지를 곁들인 꿩 구이, 자고새 구이, 퍼프 페이스트리 안에 넣은 비둘기 요리, 튀긴 소 골수 요리, 안을 채운 염소 통구이, 월계수 잎으로 장식한 감성돔 구이, 훈제 숭어 요리, 생선 비장 타르트, 송어 꼬리 튀김, 마지판 안에 넣은 장어 요리, 송어 알 파이, 칠성장어 피로 요리한 칠성 장어 요리, 소스를 곁들여 낸 소금에 절인 강꼬치 고기 요리, 데스테 가문의 색인 빨간색, 하얀색, 초록색의 소스로 장식한 튀긴 가자미 요리……."

그러나 알폰소의 이러한 사치스러운 연회는 모두 수포로 돌아갔다. 알폰소가 프랑스의 왕족과 결혼으로 동맹을 맺은 이후, 이탈리아 내 프랑스의 세력이 급속이 약해졌고 카를 5세가 황제가 됨에 따라 독일 합스부르크 왕가의 힘이 강해진 것이다. 그해 말 알폰소는 카를 5세를 대면해야 했는데 그의 수석 요리사이자 집사인 크리스토포로 다 메시스부고를 함께 데려가 요리를 대접해 카를 5세를 기쁘게 만들어 협상을 용이하게 만들고자 했다. 실제로 카를 5세는 크리스토포로에게 매우 감탄해 그에게 백작 칭호를 하사하기도 했다.

∞ ∞ ∞

● 1533년 ●
비너스와 아티초크

이탈리아의 카트린느 드 메디치는 프랑스의 왕 앙리 2세와 결혼을 했다. 카트린느 왕비는 이탈리아에서 아티초크를 가져왔는데, 프랑스에서 아티초크는 비너스 여신을 화나게 하는 요리로 알려져 있어 교양 있는 집의 아가씨가 먹기에는 적절하지 않은 요리로 여겨졌다. 왕비가 아티초크를 가져왔다는 사실이 알려지자 프랑스의 청과물 시장에서는 상인들이 '왕비도 좋아한 아티초크'라며 아티초크를 팔았다고 한다.

● 1536년 ●
루터의 배

네덜란드의 인문학자인 에라스무스가 1536년에 사망했다. 에라스무스는 루터의 신교도는 거부했지만, 로마 가톨릭 교회의 개혁 역시 촉구했다. 어느 날 사순절 금식을 지키지 않아 비판을 받은 에라스무스는 "내 영혼은 가톨릭이지만 내 배는 루터의 배다!"라고 대답했다고 한다.

● 1539년 ●
잭 호너와 플럼파이

영국 헨리 8세의 수도원 철거령이 집행되자 글라스톤베리 수도원도 철거되었다. 수도원이 철거되기 전 글라스톤베리의 마지막 수도원장인 리처드 화이팅은 집사인 잭 호너를 통해 왕에게 크리스마스 선물을 보내 수도원의 철거를 막으려 했다. 수도원장이 보낸 선물은 파이였는데, 파이 안에는 12개 저택의 소유증서가 들어 있었다고 한다. 잭 호너는 런던으로 가던 중 파이를 열어보고 멜에 있는 저택의 소유증서를 몰래 챙겼다. 이에 따라 다음과 같은 노래가 생겼다.

꼬마 잭 호너가 방 한구석에 앉아 크리스마스 파이를 먹었네.
손을 파이에 집어넣어 파이 안에 숨겨진 플럼을 꺼냈네.
그리고 이렇게 말했네. "난 정말 대단해!"

위 이야기의 사실 여부는 불분명 하나 알려진 바에 따르면 수도원이 철거된 지 얼마 안 돼 토마스 호너라는 사람이 멜의 저택 주인이 되었다고 한다. 토마스 호너의 후손들은 '잭'이 아니라 '토마스'이고 당시 토마스 호너는 멜의 저택뿐만 아니라 인근의 다른 저택을 모두 매입했다고 주장한다. 사실 잭 호너는 여러 다른 소설 속에도 등장한 허구의 인물인 것으로 보인다. 실제로 18세기 영국의 책에서는 30센티미터 키의 장난꾸러기인 잭 호너란 등장인물이 자주 등장한다.

● 1542년 ●
무화과의 효능

앤드류 보드는 《건강식이요법》에서 음식의 효능에 대해 설명했다. 보드는 무화과는 너무 많은 땀을 흘리게 함으로써 최음 효과를 유발한다고 기록했다. 청년 시절 보드는 카르투지오 수도회에 들어갔다가 수도원 생활을 견디지 못하고 나와 이후 외국에서 의학을 공부했으며 유럽 전역을 여행하며 영국에는 당시에 알려지지 않았던 '루바브rhubarb' 씨앗을 카탈로니아에서 보내기도 했다. 귀국 후 보드는 3명의 여성과 함께 문란하게 살았다는 죄로 감옥에 수감되었다.

● 1545년 ●
영국의 음식 1. 영국인을 정의하다

코르키라의 니칸더 누시우스는 그의 여행서에서 영국인들을 '육식 동물. 동물의 고기에 대한 탐욕이 엄청남. 늘 취해 있고 채울 수 없는 식탐을 지님. 의심이 많음'이라고 정의했다.

● 1550년경 ●

갈매기 요리

영국 튜더 시대에 가장 고급스러운 진미는 바로 갈매기 요리였다. 당시 소고기 1파운드가 1페니도 채 되지 않은 반면, 갈매기는 5실링이나 되었다. 갈매기는 도살 직전까지 소금에 절인 소고기를 먹여 풍미를 더했다고 한다.

● 1554년 ●

예술가의 연회

피렌체의 화가이자 조각가인 조반니 프란체스코 루스티치가 1554년에 사망했다. 동시대에 산 조르지오 바사리의 《예술가의 삶》에는 루스티치가 당시 예술가들의 다이닝 클럽이었던 '컴퍼니 소스팬'에서 사회를 보곤 했다는 기록이 있다.

어느 날 루스티치가 다이닝 클럽 회원들에게 저녁을 대접했는데 테이블 대신에 와인 통으로 만들어진 큰 냄비가 대신 자리하고 있었다. 모두가 냄비 안에 들어가 자리 잡고 앉자 갑자기 음식이 가득 달린 나무가 나타났다. 패스추리로 만든 큰 가마솥도 등장했는데, 그 안에는 팔다리를 붙인 수탉 두 마리가 있었는데, 율리시스가 아버지를 다시 젊게 만들기 위해 아버지를 마법 가마솥에 넣는 장면을 묘사하고 있었다.

다이닝 클럽의 또 다른 회원인 안드레아 델 사르토는 8면의 사원을 만들어 손님을 대접하기도 했다. 사원의 바닥은 다양한 색의 젤라틴으로 만들어 마치 모자이크처럼 보였고 사원의 기둥은 소시지를 사용해 마치 반암처럼 보였다. 파마산치즈로 만든 기둥머리와 설탕으로 만든 처마 등은 모두를 감탄시켰다. 사원의 가운데에는 송아지로 만든 악보대가 있었고 마카로니로 만든 악보에는 페퍼콘을 이용해 음표가 그려져 있었다. 성가대 옷을 입은 개똥지빠귀는 부리를 벌려 마치 노래를 부르는 것처럼 보였고 베이스에는 살찐 비둘기 2마리, 소프라노에는 멧새 6마리가 각각 놓여 있었다.

루스티치는 또한 '모종삽 클럽'이라는 다이닝 클럽에서도 중요한 역할을 한 것으로 보인다.

하루는 부지아르디노와 루스티치의 제안으로 모두가 목공과 인부처럼 차려 입고 리코타 치즈 등을 사용해 클럽을 위한 건물을 만들기로 했다. 수레에는 케이크와 빵으로 만든 벽돌이 담겨 있었다. 그러나 이 건물이 제대로 완성이 되지 않자 이들은 건물을 마구 뜯어 먹었다.

어느 날 페르세포네를 찾던 케레스(역자 주 : 풍작의 여신)가 이들을 찾아와 지하세계로 안내해줄 것을 부탁했다. 저승의 신 플루토는 페르세포네를 포기하지 않으려 했고 대신에 이들을 결혼 연회에 초대했다. 그곳에는 모든 음식이 끔찍하고 역겨운 동물이나 뱀, 거미, 개구리, 전갈과 같은 모양으로 꾸며져 있었는데 배를 가르면 세상에서 볼 수 없는 귀한 진미들이 들어 있었다.

루스티치는 또한 괴짜이기도 했다. 바사리는 루스티치가 동물을 매우 좋아해서 독수리나 '사람처럼 말을 할 수 있는' 까마귀, '강아지처럼 잘 길들여진' 호저 등의 애완동물을 길렀다고 기록하고 있다.

● 1564년 ●

황제의 소시지

프랑크푸르트 암 마인에서는 신성로마제국의 황제 막시밀리안 2세의 대관식을 기념하기 위해 사람들에게 지역 특산 소시지를 나눠줬다. 1987년 프랑크푸르트에서 '프랑크푸르트 소시지 500주년 기념식'을 열었으나, 사실 이 소시지의 레시피는 13세기까지 거슬러 올라간다. 요한 게허르크 라너라는 정육점 주인은 비엔나에서 가져온 돼지고기 소시지 레시피에 소고기를 넣어 새로운 소시지를 만들었는데 이후 이 소시지가 프랑크푸르트 소시지가 되었다.

● 1567년 ●

웨일즈 토끼

작가 미상의 《재미있는 이야기, 재미있는 수수께끼》에는 웨일즈 사람들이 특히 좋아하던 요리에 대한 기록을 볼 수 있다.

천국에 있는 웨일즈 사람들이 너무 크게 웃고 떠들어 다른 사람들을 괴롭게 했다. 이에 따라 신은 베드로 성인에게 웨일즈인을 천국에서 쫓아내라고 명했다. 베드로 성인은 천국의 문 밖으로 나가 큰 목소리로 '카우즈 팝(역자 주 : 웨일즈식 치즈 푸딩)!'이라고 외쳤다. 가장 좋아하는 요리 이름을 듣자 모든 웨일즈인이 밖으로 뛰어나갔고, 베드로 성인은 문을 닫아버렸다.

● 1570년 ●

피자 이전의 피자

교황 비오 4세와 비오 5세의 개인 요리사이자 이탈리아

르네상스 시대에 가장 유명한 요리사인 바르톨로미오 스카피는 무려 5권이나 되는 《오페라》라는 책을 집필했다. 이 책에는 "나폴리아 사람들이 '피자'라고 부르는 요리"가 등장한다. 이 요리는 아몬드, 잣, 무화가, 대추, 건포도와 쿠키로 속을 채운 달콤한 파이 요리였다. 이때만 하더라도 신대륙으로부터 토마토가 전파되기 전이었기 때문에 오늘날에 우리가 알고 있는 맛의 피자와는 거리가 멀었다.

● 1575년경 ●

칠면조가 '터키'가 된 이유

칠면조를 말하는 영어의 '터키'라는 단어는 원래 아프리카의 뿔닭류인 호로새에 붙여진 이름이었다. 호로새는 근동의 상인들에 의해 처음 영국에 소개되어 '터키 상인'이라고 불리기도 했다. 이후 영국의 정복자들이 북아메리카에서 처음으로 호로새와 비슷하게 생긴 야생 칠면조를 보고 이를 호로새로 착각해 '터키'라 불렀고, 지금까지도 그 이름으로 불리고 있다. 북아메리카 칠면조를 일컫는 프랑스어는 '댕도'로 '인도제국의 닭'이란 말에서 유래된 단어이다(여기에서 인도제국은 아메리카 대륙의 스페인 식민지를 일컫는다).

● 1580년경 ●

브랜디의 탄생

브랜디는 와인의 무게를 줄이기 위해 와인을 증류한 네덜란드 상인에 의해 만들어졌다. 이들의 계획은 와인을 증류해 무게를 줄여 배에 실은 뒤 목적지에 도착해 희석해 파는 것이었다. 그런데 증류주 자체로도 맛이 뛰어나 이를 팔았더니 큰 인기를 끌었다고 한다.

● 1581년 ●

카빙도 예술이다

알레산드로 파르네세 추기경의 요리사였던 빈센초 체르비오는 특히 카빙(역자 주 : 고기나 생선을 먹기 좋게 살을 바르는 것)에 능했다. 체르비오는 접시에 고기를 고정시키고 자르는 독일식 카빙을 비판하였다. 이보다는 더 정교한 기술을 요하는 이탈리아식 카빙을 높게 평가했는데, 이탈리아식 카빙은 포크에 고기를 고정시켜 공중에서 자르는 방법을 말한다.

● 1589년 ●

모든 이에게 닭고기를!

프랑스의 앙리 4세는 왕이 된 뒤 "농부를 포함한 모든 사람이 일요일에 닭고기를 먹을 수 있게 하겠다"라는 유명한 말을 남겼다.

    이와는 대조적으로 이탈리아에는 "농부가 닭고기를 먹는 다는 것은 농부가 아프거나 닭이 병들거나 둘 중 하나다"라는 속담이 있다. 이 속담을 통해 이탈리아에서는 닭고기가 매우 고급스러운 요리로, 아플 때나 먹을 수 있는 귀한 음식이었음을 알 수 있다. 또 다른 이탈리아 속담 중 "성 버나드의 소스는 모든 음식을 맛있게 만든다"가 있는데, 여기에서 '성 버나드의 소스'는 배고픔을 의미한다. 하지만 실제로 배고픔과 성 버나드와의 관계에 대해서는 알려진 바가 없다.

    앙리 4세는 한 소스의 이름을 직접 짓기도 했다. 19세기 쥘 콜레트는 파빌리옹 앙리라는 레스토랑의 요리사로 버터, 식초나 레몬주스, 달걀 흰자, 양파, 타라곤이나 처빌을 넣어 만든 소스를 개발했다. 앙리 4세는 프랑스 서남부의 베어른이라는 지방 출신인데 이 지방의 이름을 따 이 소스를 베어네이즈 소스라고 이름 붙였다.

― *Recipe* ―

굶주린 이들을 위한 연회

1590년 이탈리아 북부에 기근이 닥치자 볼로냐 출신의 유명한 극작가이자 시인인 컬리오 체사레 크로체는 〈굶주린 이를 위한 연회〉라는 우화를 썼다. 이 우화는 '흉작' 경의 딸인 '기근'이 '불모지'를 만나 결혼하는 내용으로 피로연에는 다음과 같은 음식들이 묘사되었다.

벌의 갈비뼈와 신장, 말벌 조림, 메뚜기의 폐, 매미 참, 바퀴벌레 배, 귀뚜라미 눈 수프, 파리머리 파이, 말벌 미트볼, 말파리 혀 파이, 박쥐 다리 젤리, 흑파리 다리 수프, 거머리 지방에 요리한 튀긴 두더지 내장 요리, 팬에 요리한 파리 간, 달팽이 껍질 렐리쉬, 봄 개구리의 비장 스튜, 굴뚝새의 창자 요리

크로체의 직업은 대장장이로 귀족의 후원을 받지 못해 1609년 가난하게 생을 마감했다. 크로체는 《아껴 쓰고 적게 먹는 방법》에서 비만을 예방하기 위해서는 수탉 요리, 파이, 마카로니 치즈와 같은 고급 요리를 먹지 말아야 한다고 적었다. 하지만 볼로냐는 13세기부터 '요리의 도시'로 알려져 '뚱뚱보'라는 별명을 갖고 있었기 때문에 사실상 볼로냐의 그 누구도 살을 뺄 목적으로 음식을 가려 먹으려 하지는 않았을 것이다.

∽ ∽ ∽

● 1590년 ●

감자

감자는 프랜시스 드레이크 경에 의해 1588년에서 1593년

사이에 영국 제도로 전해진 것으로 알려져 있다. 감자는 이후 아일랜드와 스코틀랜드 북부의 주식이 되었고, 사마귀를 치료하는 데도 사용되었다.

아이들은 감자를 이용해 사마귀를 잘라내 던지며 "하나, 둘, 셋, 사마귀야 물러가라. 하나, 둘, 셋. 다신 돌아오지 말아라!"는 노래를 부르기도 했다.

● 1591년 ●
거대한 술통

1591년에는 최초의 하이델베르그 거대 술통이 완성되었다. 이 거대 술통은 하이델베르그 성에 있었는데 무려 3만 리터의 와인을 담을 수 있었다. 이후 1751년에 만들어진 거대 술통은 무려 20만 리터나 담을 수 있었으나 술을 담는데 사용된 적은 없다. 이 술통에는 당시에 이 성을 점령한 프랑스 군사들이 술통이 빈 줄 모르고 술을 마시기 위해 도끼질을 한 자국이 여전히 남아 있다. 다음은 이 거대 술통에 대한 기록이다.

모두가 하이델베르그의 거대 술통에 대한 이야기를 들었다. 어떤 이는 이 술통이 작은 시골집 크기라 하고 어떤 이는 이 술통에 18억 배럴이나 담을 수 있다고 한다. 나는 이들이 모두 거짓말을 하거나 잘못 알고 있다고 생각한다. 하지만 사실 이 술통은 항상 비어 있기 때문에 얼마나 많은 와인이 들어가느냐를 따지는 것은 의미가 없을 것이다. 대성당만큼이나 술통이 크다면 물론 신기하기는 하겠지만 빈 술통에 별다른 감흥이 생기지는 않는다.

– 마크 트웨인, 《유럽 방랑기》(1880) 중에서

● 1594년 ●
취하지 않는 방법

변호사이자 원예가인 휴 플랫 경은 《예술과 자연》에서 만취를 피하기 위해 다음의 방법을 제시했다.

우선 샐러드 오일을 마셔서 와인을 마셔도 샐러드 오일이 이를 감싸 취기가 오르지 못하게 하라. 우유를 세 번에 나눠 마시면 원하는 만큼 술을 마셔도 취하지 않는다. 하지만 개인적으로 이 방법을 실험하고 관찰해본 적이 없다는 점을 밝힌다.

● 1597년 ●

브라운 배스타드

셰익스피어의 《헨리 4세》 1장 2막 4절에는 헨리 4세가 "너가 마실 수 있는 건 오직 '브라운 배스타드$^{\text{Brown Bastard}}$'다"라고 말하는 장면이 나온다. '배스타드'는 무스카텔과 맛이 비슷한 스페인의 단 와인의 일종으로 브라운과 화이트 두 가지 종류가 있었다. 로버트 버튼의 《우울증의 해부》는 무스카딘, 마므지, 브라운 배스타드, 벌꿀 술 등 맛이 강하고 진한 블랙 와인이 '혈색이 좋고 젊은이들을 우울하게 만들 수 있기 때문'에 멀리하라고 권고하기도 했다.

● 1598년 ●

'커리'의 탄생

'커리'라는 단어는 밥에 곁들여 먹는 소스를 일컫는 타밀어 '카리'와 포르투갈의 '카릴^{caril}'에서 유래한 말이다. 1598년에 윌리엄 필립은 네덜란드 상인 얀 리스호틴의 《동서 인도 제국 여행 이야기》를 번역했는데, 바로 이 책에서 영국 문학 최초로 커리가 등장한다. 이때는 '커리'가 아닌 '카릴'로 쓰였는데 "생선은 주로 밥과 먹는다. 육수에 생선을 요리한 뒤 밥 위에 올려 먹는데 맛이 좋다. 이를 '카릴'이라고 한다"고 기록되어 있다. 이후 영국에서는 걸쭉한 인도식 스튜를 모두 커리라고 불렀다.

  인도에서 각각의 커리 요리는 모두 개별 이름이 있으나 영국 식민 지배 시절에는 마드라, 붐베이, 벵갈 커리 정도로만 커리 종류를 구분했다. 인도에서 영국인들이 먹는 커리는 진짜 인도식 커리와 거리가 멀었고, 영국으로 건너간 커리는 아예 다른 음식이 되어버렸다. 에드문드 화이트는 《인도 요리》(1845)에서 "이는 끔찍한 스튜이다. 노르스름한 초록색의 지방이 너무나 많이 들어가 있어서 맛이 끔찍하다. 이를 인도식 커리라고 부르는 것은 말도 안 된다"라고 기록하고 있다.

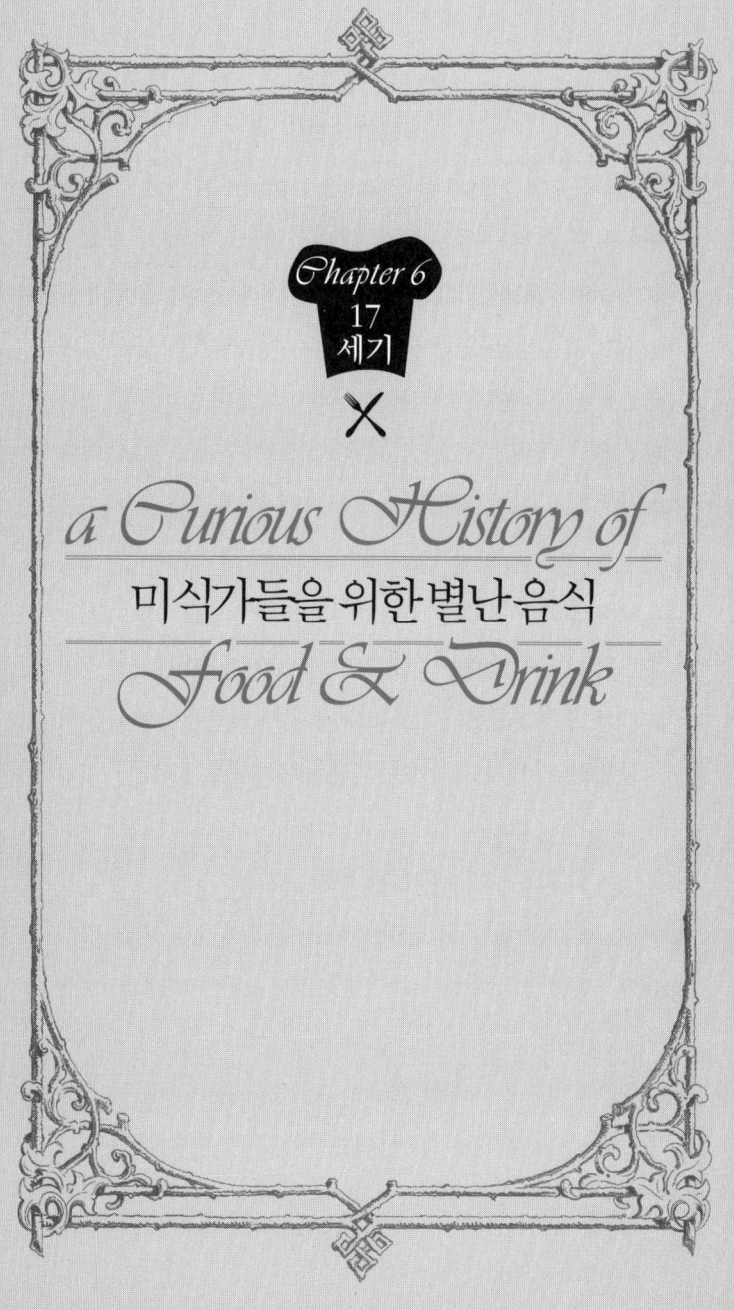

Chapter 6
17
세기

a Curious History of
미식가들을 위한 별난 음식
Food & Drink

• 1600년경 •

커피의 유래

서유럽에서는 커피를 아랍, 터키, 이교도의 것으로 여겨 좋아하지 않았다. 예를 들어 1599년 영국의 여행가 안토니 셜리 경은 "저주받은 이교도인들은 '카피'라 불리는 음료를 마신다"고 기록한 바 있다. 비슷한 시기 가톨릭 신자들은 성체 조배 시 예수의 피로 여기는 와인과 반대된다는 이유로 커피를 '사탄의 방해', '이교도로 개종시키려는 사탄의 술수'라고 비난하라고 교황 클레멘스 8세를 압박했다. 실제로 터키에는 당시 "커피는 지옥처럼 새까맣고 죽음처럼 강하며 사랑처럼 달콤해야 한다"라는 말이 있었다. 그러나 클레멘트 8세는 대신에 "이렇게 맛 좋은 음료가 악마의 음료라면 세례를 줘야 할 것이다"라고 말했다고 한다. 유럽에서 커피가 유명해진 것은 클레멘트 8세의 커피 사랑 덕분이라는 설도 있다.

신의 음료

알코올/비알콜 재료를 섞어 만든 음료인 '펀치'라는 말이 1600년경에 영국에 처음 등장했다. 한 이론에 따르면 '펀치'는 '신의 다섯 넥타르'라는 뜻을 지닌 산스크리트어 '판카므르타^{pancamrta}'에서 유래한 힌디어 '판치^{panch}'에 뿌리를 두고 있다고 한다. 이 음료는 우유, 커드, 버터, 꿀, 당밀의 다섯 가지 재료가 들어가는데 모두 몸에 좋은 약으로 여겨지는 재료였다. 유럽인이 처음 인도에 도착했을 당시 많은 인도인이 판치를 즐겨 마셨다. 인도의 판치는 야자로 만든 아라크주, 장미수, 레몬이나 라임 주스, 설탕, 스파이스를 사용해 만든 것이었다. 또 다른 이론에 따르면 펀치는 인도로 가는 배의 승객들에게 제공되는 음료를 일컫는 말로, 큰 통을 뜻하는 '펀천puncheon'에서 유래했다고 한다. 그러나 옥스포드 사전은 위 이론들을 뒷받침할 만한 마땅한 증거가 없다고 정의하고 있다.

● 1605년 ●

황제를 위한 신성한 물

무굴제국의 아크바르 황제가 1605년에 사망했다. 아크바라 황제는 이슬람 교도였으나 힌두교 백성을 생각해 소를 경외하는 마음으로 소의 도살을 금지했고, 스스로도 소고기를 먹지 않았다. 나아가 힌두교에서 성수라 여기는 갠지스 강의 물 외에는 아무것도 마시지 않았는데, 기거하던 궁이 갠지스 강에서 수백 마일이나 떨어져 있어 늘 하인들이 릴레이 형식으로 물을 길어다 황제에게 바쳤다고 한다. 갠지스 강의 물을 길러 오면 이를 병에 담은 뒤 초석(硝石)을 넣어 물을 차갑게 유지했고, 궁이 히말라야 산 근처였을 때는 산에서 얼음을 가져와 물을 사용했다고 한다.

이후 프랑스 여행가 타베르니에는 갠지스 강물과 와인을 섞어 마신 뒤 복통으로 고통받았고, 강물을 그대로 마신 하인은 극심한 고통에 시달렸다고 기록한 바 있다.

— Recipe —

프랑스식 비둘기 요리

다음의 레시피는 1615년에 출판된 존 뮤렐의 《새로운 요리책》에 나온 레시피이다.

1. 비둘기의 속에 파슬리와 타임 같은 단 허브를 넣은 뒤 끓인다.
2. 작은 팬에 옮겨 담은 뒤 양고기 육수를 비둘기가 잠길 만큼 부어 넣고 메이스(역자 주 : 넛메그의 껍질)와 후추를 통으로 넣는다.
3. 비둘기가 연해질 때까지 삶은 뒤 불을 끄고 육수에 떠 있는 거품을 제거한다.
4. 버터, 용연향(역자 주 : 향유고래에서 얻는 향료), 넛메그, 설탕과 쌀을 넣어 걸쭉하게 만든다.

● 1617년 ●
예루살렘 아티초크의 부작용

북미에 자생하는 예루살렘 아티초크가 1617년에 처음 영국에 소개되었다. 이후 정원사 존 굿이어는 아티초크의 부작용에 대해 다음과 같이 기록하고 있다.

> 아티초크는 각성을 야기하고 극심한 복통을 일으킨다. 이는 사람보다는 돼지에게 더 걸맞은 음식이다.

예루살렘 아티초크는 사실 예루살렘과는 아무런 관련이 없다. 예루살렘 아티초크라는 이름은 예루살렘 아티초크가 항상 해를 향해 있기 때문에 '해바라기 아티초크'를 뜻하는 '지라솔 아티치오코'에서 유래했다.

● 1633년 ●
입 냄새를 없애는 단계적 방법

작자 미상의 《철학자의 연회》에는 다음과 같은 조언이 나온다.

> 부추를 좋아하는데 입 냄새가 나서 싫다면 양파를 먹어라. 양파를 먹으면 입 냄새가 나지 않을 것이다. 양파 입 냄새를

없애고 싶다면 마늘을 먹어라. 마늘 냄새가 양파 냄새를 모두 삼켜버릴 것이다.

● 1644년 ●

민스파이와 플럼푸딩

영국 내전 중 장기의회는 크리스마스를 로마 가톨릭의 축일이라 여겨 모든 행사를 금지했다. 장기의회는 성탄 미사를 금지하고 나아가 크리스마스 음식인 민스파이와 플럼푸딩을 '바빌론의 창녀가 만든 요리'라며 금지했다. 동시대의 저널리스트인 마르차먼트 네덤은 이에 대해 다음과 같은 글을 썼다.

이후 찰스 2세의 왕정복고에 의해 크리스마스 금지령이 풀렸음에도 불구하고 민스파이와 플럼푸딩 금지령은 폐지되지 않았다. 따라서 사실상 영국과 웨일스에서 민스파이와 플럼푸딩을 먹는 것은 지금도 불법 행위이다.

● 1645년경 ●

베이컨과 율법

라이몬도 몽테쿠콜리는 '30년 전쟁' 당시 가톨릭의 편에서 싸웠으나 금요일에는 고기를 먹지 않고 생선을 먹는다는 가톨릭 율법은 제대로 지키지 않았다. 어느 금요일 몹시 허기진 몽테쿠콜리는 베이컨을 곁들인 오믈렛을 주문했다. 주문한 음식이 나오자마자 갑자기 요란하게 천둥이 치기 시작했다. 몽테쿠콜리는 창밖으로 음식을 쏟아 버리고는 "베이컨 하나 먹는다고 이러실 겁니까?"라고 소리쳤다고 한다.

● 1650년 ●

뼛가루가 들어간 맥주

존 오브리는 믿기 어려운 기이한 이야기들이 담긴 《짧은 생애》에서 다음과 같은 이야기를 기록했다.

> 헤리퍼드의 한 대성당 아래 시체 안치소가 있었다. 서기 1650년 이 시체 안치소에는 가난한 여자가 숨어 살았는데 불을 지피기 위해 안치된 유골을 사용했다. 그러나 못된 술집 주인들은 에일 맥주의 맛을 더 강하게 만들기 위해 이 유골가루를 사용하기도 했다.

● 1652년 ●

런치의 변천

옥스퍼드 영어사전에 따르면 '런천(역자 주: 오찬)'이란 단어가 처음 인쇄물에 등장한 것은 극작가 리처드 브롬의 《한 쌍의 미친 연인》의 "오후, 그리고 오찬"이라는 대사였다. 옥스포드 사전은 '런천'이라는 단어의 변천을 다음과 같이 설명한다.

'런천'은 본래 아침에 먹는 '블랙퍼스트'와 오후에 먹는 정찬인 '디너' 사이의 가벼운 식사를 의미한다. '디너'라는 말이 오후의 식사라는 뜻으로 사용되는 경우 오찬은 원래의 의미를 지니나 '디너'가 저녁 식사를 의미하는 경우 '런천'은 '이른 오후에 저녁 식사보다는 가볍게 먹는 식사'를 의미한다. 현대 영어에서 '런천'은 '런치'에 비해 격식 있는 표현이 되었다.

그러나 1580년에만 하더라도 '런천'은 '두꺼운 조각이나 덩어리'를 의미했다. 우리에게 익숙한 단어인 '런치' 역시 19세기 초반이 되어서야 등장하게 된다.

● 1653년 ●
아스파라거스의 최음 효과

니콜라스 컬페퍼는 음식이 우리 몸에 미치는 영향에 관해 책을 썼다. 이 책에서 컬페퍼는 "아스파라거스를 아침에 먹으면 성욕이 강해진다"라고 말하며, 아스파라거스의 최음 효능에 대해 언급했다. 또한 이 책에서 복숭아를 '비너스의 나무'라고 정의했다.

● 1655년 ●
서로인 스테이크에 관한 잘못된 이야기

토마스 풀러는 《영국의 교회사》라는 책에서 '서로인sirloin'이라는 단어의 유래에 대해 설명했다. 이 책에 따르면 헨리 8세는 어느 날 너무나 맛있는 스테이크를 먹은 후 이에 감탄해 이 스테이크 부위에 기사Sir 칭호를 수여했다고 한다. 이후 1748년 조너선 스위프트는 귀족들의 만찬에 초대받은 제임스 1세가 스테이크를 먹고 감탄해 기사 작위를 수여했다고 주장하기도 했다. 1세기 이후에는 찰스 2세가 서로인이라는 이름을 처음 사용했다는 설도 나왔다. 사실 서로인은 '로인(허릿살)의 위(上) 부위'를 일컫는 프랑스 고어 '서로인'에서 유래한 말이다.

● 1658년 ●
진의 탄생

네덜란드의 위대한 의사이자 과학자였던 프란시스쿠스 실비우스는 당시 이뇨제로 사용되던 주니퍼 베리 오일의 값이 비싸지자 이를 대체할 것을 찾았다. 그러던 중 우연히 증류주와 주니퍼 베리를 섞게 되었는데, 바로 이것이 오늘날의 진이 되었다. 이후 진은 이뇨제 외의 용도로 더욱 사랑받게 되었다.

● 1659년 ●
샤프란을 싫어한 공작

프랑스의 그라몽 공작은 스페인에서 가장 널리 사용되던 향신료인 샤프란을 전혀 먹지 않았다. 이후 카스티유 제독의 초대를 받은 그라몽 공작은 다음과 같이 불평했다.

> 연회는 스페인식 요리로 준비되었는데 그 누구도 다 먹지 못할 만큼 많은 음식이 나왔다. 총 700개의 요리가 나왔는데 모두가 샤프란을 넣어 황금빛을 띠고 있었다. 그래서 나는 모든 음식을 되돌려 보내야 했다.

― Recipe ―
네덜란드의 장례식

네덜란드의 한 여관 주인인 헤리트 반 윌은 1660년에 사망했는데 장례식 만찬을 성대하게 차려 모두가 자신을 기억할 수 있게 해달라는 유언을 남겼다. 윌은 마을 사람 모두를 초대했는데 다음은 이 연회에 준비된 식재료이다.

프랑스 와인과 백포도주, 에일 35통, 구운 고기 1100 파운드, 서로인 550파운드, 송아지 가슴살 28개, 양 12마리, 사슴고기 파이 18개, 다진 고기 200파운드, 빵, 머스터드, 치즈, 버터, 담배는 부족함 없이 넉넉히 준비할 것

∽ ∽ ∽

● 1660년 ●

소 유방 요리

사무엘 피프스는 10월 11일자 일기에 "크리드 씨와 나는 저녁을 먹으러 킹스트리트에 나갔다. 그리고 우리는 아주 맛있는 소 유방 요리를 먹었다"라고 적었다. 당시에는 흔했던 소의 유방 요리는 이제 요크셔나 랭커셔 지방에서만 찾아볼 수 있게 되었다. 젖을 완전히 제거하기 위해 소 유방은 따뜻한 물에 4시간을 담가두어야 하며, 이후 고기가 연해질 때까지 약 6시간 동안 소금물에 넣고 뭉근하게 끓여야 한다. 소 유방 요리는 소 혀 요리와 식감이 비슷한데 소혀 보다는 씹는 맛이 있다고 한다. 삶은 소 유방은 0.5인치 두께로 얇게 썬 뒤 빵가루, 달걀물을 입혀 바삭하게 튀겨낸다.

— *Recipe* —

올리오 포드리두

프랑스에서 5년간 유학을 한 영국의 전문 요리사인 로버트 메이는 《완전한 요리사》(1660)에서 다음과 같이 '올리오 포드리두'라는 요리를 소개한다. 올리오 포드리두는 '썩은 냄비'라는 뜻의 '올리오 포드리다'라는 스페인어에서 유래한 말이다.

1. 작은 옹기 냄비나 일반 냄비를 준비 한 뒤 물을 넣고 숯불에 올린다.
2. 가장 질긴 고기 부위를 먼저 넣은 뒤 우둔살, 볼로냐소시지, 소 혀를 넣고 2시간가량 삶는다.
3. 이후 양고기, 사슴고기, 돼지고기, 베이컨 등을 오리알만 한 크기로 자른 뒤 동일한 양으로 냄비에 넣는다.
4. 당근, 순무, 양파, 양배추 2개를 큼직하게 썰어 넣는다. 단맛이 나는 허브와 시금치 1단, 수영, 보리지, 꽃상추, 매리골드, 보리, 루핀 등을 잘게 다져 넣는다.
5. 마지막으로 정향, 메이스, 사프란을 넣는다.

● 1662년 ●

용기 있는 남자

토마스 풀러의 《잉글랜드 명사늘의 역사》에는 "그는 최초로 굴을 먹은 매우 용감한 사람이다"라고 기록되어 있다.

● 1664년 ●

브랜디 vs. 진

'런던의 고매한 직물직공인 협회'의 저녁에 초대받은 뒤 윌리엄 쿠퍼 경은 사망했다. 저녁 식사에서 쿠퍼 경은 엄청난 양의 브랜디를 마셨는데 아내는 협회에서 독이 든 브랜디를 먹였다고 주장했다. 이후 쿠퍼 경의 아내는 죽기 전에 협회를 용서하고 브랜디보다는 건강하다고 여겨지는 진을 평생 마실 수 있을 만큼의 기부금을 남겼다. 이에 따라 오늘날까지도 이 협회의 연회에서는 진과 브랜디 중 무엇을 마실 거냐고 물을 때 "쿠퍼 경과 레이디 쿠퍼 중 누구와 함께 식사하시겠습니까?"라고 묻는다고 한다.

밤

《나무의 담론》에서 존 에블린은 영국인에게 사랑받지 못하는 음식을 다음과 같이 소개했다.

Chapter 6 미식가들을 위한 별난 음식

이 열매는 다른 나라에서는 왕족들만 먹는 귀한 음식이나 영국에서는 돼지에게나 주는 것으로 여겨진다. 프랑스와 이탈리아의 최고급 연회에서는 이 열매를 제공하는데 소금과 찍어 먹거나 와인, 레몬주스, 설탕을 넣어 함께 먹기도 한다. 석쇠에 올려 장작불에 구워 먹을 수도 있다. 값싸고 오래 보관할 수 있는 이 열매를 우리나라에 전파하면 좋을 것이다.

사실 '밤'을 뜻하는 영어 단어 '체스트넛'과 '체스트(가슴)'는 아무 관련이 없다. 이 단어는 중세 영어인 '채스타인^{Castanian}'에서 유래된 것인데 이는 그리스의 '카스타니아 열매'라는 단어에서 기원한 것이다.

• 1665년 •
전염병을 물리치는 양파

런던에 흑사병이 창궐해 많은 사람이 목숨을 잃게 되었다. 그러나 양파를 파는 상인들은 흑사병에 걸리지 않았다는 기록이 발견되었다. 또한 이후 1849년 콜레라가 발생했을 때도 양파 상인들은 병에 걸리지 않았다는 기록이 있다.

— *Recipe* —
몬머스의 화이트 수탉 요리

다음은 영국 외교관인 케넴 딕비 경이 소개한 레시피로 1669년 출판된 《저명한 케넴 딕비 경의 옷장이 열렸다》라는 책에서 찾아볼 수 있다.

1. 양과 송아지의 목을 넣어 육수를 만든다.
2. 약 3리터 정도가 되게 육수를 만드는 데 수탉 한 마리를 넣어도 육수가 넘치지 않을 만큼 양을 조절한다.
3. 아몬드 0.25 파운드와 크림 4스푼을 섞고 장미수가 있다면 이도 함께 섞는다. 육수를 약간 넣어 잘 섞은 뒤 모두 육수에 붓는다.
4. 수탉을 물에 삶는데 골수는 따로 삶는다.
5. 밤이나 피스타치오, 잣과 꽃상추나 파슬리 뿌리를 넣는다. 건포도와 대추, 설탕을 넣는다.
6. 모든 재료가 다 익으면 크림이 들어간 육수에 달걀 2개를 넣은 뒤 끓인다. 한참을 끓인 뒤 오렌지 필이나 설탕과 식초를 넣고 절인 오렌지나 레몬 껍질을 넣는다. 용연향을 넣은 뒤 삶은 골수와 육수를 넣어 끓인다.
7. 수탉을 꺼낸 뒤 살을 바른다. 그릇의 바닥에 빵을 놓고 수탉의 살코기를 올린다. 육수와 건더기를 부은 뒤 접시로 덮어 뜸을

들인 뒤 내놓는다. 소금과 향신료를 알맞게 넣어 먹는다.

∽ ∽ ∽

● 1668년 ●
별을 마시다

베네딕트 수도원의 동 페리뇽은 상파뉴 지역의 오빌레 수도원에 들어가 죽는 날까지 와인 제조 책임자인 셀러 마스터로 일했다. 샴페인을 최초로 만든 사람이 바로 돔 페리뇽이라는 설도 있으나, 이는 사실이 아니다. 대신 동 페리뇽은 수도원에서 관리하는 와인의 품질을 크게 향상 시켰다. 그는 코르크를 사용해서 와인의 탄산을 유지시켰고 가벼운 화이트 와인을 만들기 위해 품종을 섞어 와인을 만들기도 했다. 더 좋은 와인을 만들기 위한 시도가 성공하자 그는 "빨리 와 보게. 나는 지금 별을 마시고 있어!"라고 외쳤다고 한다. 루이 14세는 돔 페리뇽이 만든 와인을 매우 즐겨 마셨고 이 와인에 목욕을 한 최초의 인물이기도 하다. 이후 마를린 먼로나 제인 맨스필드와 같은 할리우드 스타들도 이 와인에 목욕을 했다.

총비(寵妃)의 복수

찰스 2세의 총비 넬 귄은 여배우 몰 데이비스와 찰스 2세의 사랑을 놓고 경쟁했다. 극작가인 알프라 벤의 도움을 받아 넬 귄은 몰 데이비스를 끝장 낼 방법을 고안했다.

> 데이비스가 왕과 밤에 만나기로 한 것을 알게 된 귄은 데이비스를 초대해 당과를 권했다. 이 당과에는 매우 강한 설사약이 뿌려져 있었는데 이를 모르고 먹은 데이비스는 왕을 만나러 갔다. 왕이 그녀를 어루만지며 애정을 표현하던 중 데이비스는 갑작스레 실례를 해 모두가 개탄할 만한 상황이 벌어졌다. 이로 인해 왕의 애정이 식어버렸고 그 전의 정을 보아 왕은 매년 천 파운드의 돈을 그녀에게 보냈다. 그리고 데이비스는 다시는 궁에 나타나지 않았다.
>
> – 알렉산더 스미스, 《비너스의 학교》(1716) 중에서

— *Recipe* —

달팽이와 지렁이 요리

한나 울리는 1664년 영국 여성 최초로 영어로 쓴 요리 책을 출판했다. 이후 1670년 《여왕다운 옷장》에서 울리는 다양한 요리의 레시피와 함께 다음과 같이 건강에 좋은 약을 만드는 법을 소개했다.

::: **달팽이 물** :::

1. 달팽이를 잡아 숯불에 잘 굽는다.

2. 깨끗한 천으로 더 이상 초록색 물이 나오지 않을 때까지 깨끗이 닦는다.

3. 사발에 넣고 껍질 채 빻은 뒤 샐비어, 애기똥풀, 보리지, 서양 체꽃 등을 넣고 만약 몸에 열이 많은 경우에는 수영과 안젤리카를 더 넣고 함께 빻는다.

4. 화이트와인 5리터와 에일 2리터를 넣은 옹기 냄비에 3.을 모두 넣고 하룻밤 동안 그대로 둔다.

5. 이를 모두 증류기에 넣는데 허브, 달팽이, 허브, 달팽이 순으로 쌓은 뒤 화이트와인에 깨끗이 씻은 지렁이를 올린다. 아니스 씨를 빻아 올리고 로즈마리를 5줌 정도 넣는다. 강황, 녹용, 상아를 넣고 젤리처럼 될 때까지 둔 뒤 이를 마신다.

∞ ∞ ∞

● 1671년 ●
완벽주의자의 최후

샹티이 성에서 루이 알퐁소 드 부르봉은 루이 14세를 포함해 2,000명이 넘는 손님을 위해 큰 연회를 열었다. 이 연회를 관장한 이는 당대의 저명한 셰프 프랑스와 바텔이었다. 바텔은 굉장히 꼼꼼한 완벽주의자였는데 주문한 생선이 제때에 도착하지 않자 매우 걱정을 했다. 연회가 열리기 직전까지도 주문한 생선이 도착하지 않자 심란해하던 바텔은 칼을 들고 밖으로 나가 자결을 하고 말았다. 한 이야기에 따르면 모든 생선이 도착했다는 사실을 알리려고 하인이 바텔을 찾았으나 이미 그는 죽은 뒤였다고 한다.

● 1673년 ●

초록색 치즈

영국의 동식물연구자이자 여행가인 존 레이는 다양한 종류의 네덜란드 치즈에 대해 설명한다. 그 중에는 초록색 치즈도 있었는데 존 레이는 이를 '양의 배설물에서 나온 물로 칠한 치즈'라고 기록하고 있다.

● 1674년 ●

커피 반대 운동

1674년 발행된 영국의 한 팸플릿에는 '커피 반대 청원서'라는 제목 아래 "맛과 냄새가 고약한 검은 물에 사람들이 돈과 시간을 낭비하고 있다"라며 커피에 반대하는 글이 적혀 있었다. 커피를 즐겨 마시는 프랑스에서도 커피를 마실 때는 적당량을 마시는 것이 중요하다는 것을 강조했다. 유명한 미식가 브리야 샤바랭은 "아이들이 커피를 절대로 마시지 못하게 해야 한다. 아이들이 커피를 마시면 키가 크지 않고, 20세에 이미 노인이 된다"라고 경고하기도 했다.

● 1678년 ●
하루에 차 200잔

네덜란드의 작가 코네리스 본테코는 건강을 위해 매일 8~10잔의 차를 마셔야 하고 심지어 200잔도 지나치지 않다고 주장했다. 1696년 네덜란드의 한 신문은 "본테코는 차를 지나치게 많이 마셔 관절이 마치 캐스터네츠처럼 되어버렸다"라고 보도하기도 했다. 하지만 전반적으로 네덜란드인은 차를 매우 선호했는데 이는 1673년대의 시에서 엿볼 수 있다.

차는 우리의 몸과 마음을 도와주고
모든 신체 부위를 치료하며
노인을 젊게 만들고
찬 곳을 따뜻하게 만든다.

● 1679년 ●
연어 이야기

1679년을 배경으로 한 월터 스콧 경의 《묘지기 노인》은 연어가 항상 고급 음식은 아니었다는 것을 보여준다.

오늘날 연어는 귀한 요리지만 과거 스코틀랜드에서는 연

어가 많이 잡혀 하인들이 먹는 음식으로 여겨졌다. 매일 연어를 먹고 질린 하인들은 "저희 같은 하인들이 이렇게 맛과 질이 좋은 연어를 매일 먹으면 안 되죠"라며 메뉴를 바꿔줄 것을 요청하기도 했다.

이는 네덜란드도 마찬가지였다. 1670년대 네덜란드를 여행한 토마스 누겐트는 "이곳의 하인들은 '일주일에 두 번 이상 연어를 먹지 않아도 된다'라는 규정을 만들어달라고 요청했다"고 기록했다.

뼈 요리 기계

프랑스의 물리학자이자 로버트 보일의 동료였던 드니 파팽은 런던왕립학회에 '뼈를 부드럽게 만들어주는 기계'를 선보였다. 파팽은 이 기계를 사용해 충분한 시간 동안 압력을 가해 뼈를 요리하면 걸쭉한 소스를 만들 수 있다는 것을 보여주려 했다. 하지만 실제로는 뼈가 바스러져 가루가 되었다. 이후 파팽은 증기 밸브를 추가해 기계가 폭발하지 않도록 했다. 파팽의 이 기계는 최초의 압력을 이용한 요리기구이자 스팀 엔진의 시발점이 되었다. 이후 1679년 토마스 세이버리가 파팽의 기계를 기반으로 첫 증기 기관을 탄생시켰다.

• 1683년 •
크로와상

오스만투르크가 비엔나를 포위했을 무렵 한 제빵사에 의해 오스만투르크의 급습 계획이 좌절되었다. 오븐에 불을 지피기 위해 일찍 일어난 제빵사는 땅굴을 파는 소리를 듣고 모두에게 알려 땅굴을 폭파시켰다. 이후 이를 기념하기 위해 제빵사는 '킵펠'이라는 이름의 빵을 만들었다. 이 빵은 오스만투르크 국기의 초승달을 본 떠 만든 것으로 이후 비엔나의 특별한 음식이 되었다.

위의 이야기와는 다르게, 사실 킵펠은 13세기부터 존재했다. 그리고 달의 모양을 본뜬 빵은 훨씬 더 이전의 시기에도 찾아볼 수 있다. 또 다른 킵펠의 유래에 관한 설은 1830년경 파리의 리슐리가에 '비엔나 풍의 제과점'을 연 오스트리아의 포병장교인 아우구스트 장이 이 빵을 만들었다는 주장이다. 장이 소개한 빵은 곧 선풍적인 인기를 끌었고 잇달아 파리의 제빵사들도 초승달의 모양을 본 떠 '크로와상(초승달)'이라고 이름을 붙였다고 한다.

● 1685년 ●

테이블에서 침 뱉지 말 것

앙투안 드 쿠르탱의 《신예절론》(1671)의 영문 번역본인 《예의범절 규칙 : 올바른 몸가짐에 대한 안내》에는 다음과 같은 구절이 나온다.

> 침이나 가래를 뱉지 마라. 만약에 정 못 참겠거든 바닥에 뱉지 말고 등을 돌려 자신의 손수건에 뱉어 깔끔하게 처리해야 한다.

그러나 아마 영국인들은 이러한 예절을 잘 이해하지 못했던 것 같다. 1730년 익명의 한 작가는 "식사 중 기침, 하품, 재채기를 삼가라"고 재차 강조한 바 있다.

● 1686년 ●

스탠퍼드셔의 놀라운 이야기

로버트 플롯은 《스태퍼드셔의 자연사》에서 위깅턴에 사는 메리라는 여자를 소개한다.

> 그녀는 하루에 동전 절반 크기의 빵과 버터만을 먹었으며 고기를 먹을 경우에는 비둘기의 알 크기만큼만 먹었다. 와

인, 에일, 맥주는 일체 마시지 않고 우유나 물을 섞어 마시거나 따로 마시는데 그마저도 하루에 한 숟갈 이상을 마시지 않는다. 그럼에도 불구하고 그녀는 매우 건강하고 혈색이 좋았으며 성공회에 대한 신앙심도 깊어 남을 속인 것도 아니었다. 그녀를 잘 아는 지인들은 모두 그녀가 평소 먹는 양보다 과식하거나 우유와 물 외의 것을 마시는 경우에는 항상 아팠다고 전했다.

● 1688년 ●

술에 관하여

《멋쟁이》와 여러 희극 작품을 남긴 조지 에서리지 경은 11월 12일 버킹엄 공작에게 다음과 같이 편지를 썼다.

청년과 중년의 나이에는 취하도록 술을 마시는 것을 삼가야 합니다. 왜냐하면 술은 숭고한 사랑을 추구하는 것을 방해하기 때문입니다. 그러나 노년에는 적당히 술을 마셔 취하는 것이 건강에도 좋고 마음의 평온을 가져다줍니다.

● 1690년경 ●
기운을 북돋우는 산패 생선

이탈리아의 여행가 니콜라오 마누치는 인도 무굴제국에 대해 설명하며 발흐의 왕(지금의 아프가니스탄 북부 지역)이 무굴제국의 오랑제브 황제에게 낙타 100마리와 여러 선물을 보냈다고 기록했다. 이 중에는 산패된 생선도 있었는데, 당시에는 기력을 회복하는 데 도움이 된다고 여겨졌다.

— *Recipe* —

숙취 해소제

아일랜드의 과학자 로버트 보일은 '보일의 법칙'을 발견해 근대 화학의 아버지라고 불린다. 보일은 또한 '숙취에 좋은 약'을 만든 것으로도 잘 알려져 있다.

부드러운 솔송나무 잎을 양말 안에 넣어 발바닥에 깔아놓은 뒤 하루에 한 번 새잎으로 교체하면 숙취로 인한 두통이 나아진다.

∽ ∽ ∽

● 1694년 ●

피크닉의 기원

'피크닉'이라는 단어가 사용된 가장 오래된 기록은 1694년이다. 프랑스에서는 '피크닉 식사 시간'이라는 표현이 사용되었는데, 당시에는 밖에서 먹는 식사가 아니라 음식을 나눠 먹거나 먹은 만큼의 돈을 지불하는 것을 의미했다. 영국에서 피크닉은 카드 게임을 하며 먹는 음식을 의미했고, 이후에는 지금과 같이 야외에서 먹는 식사를 의미하게 되었다.

● 1695년 ●

피를 나눈 형제

스코틀랜드 스카이섬 출신의 마틴마틴은 《스코틀랜드의 웨스턴 아일즈》에서 스코틀랜드 서쪽 열도의 '피를 나눈 형제와 같은 친구' 전통에 대해 소개한다.

고대에는 피를 나눈 형제와 같은 친구와 실제로 서로의 피를 마시며 우정을 다지는 전통이 있었다. 피를 나눠 마신 친구관계는 종교적으로 신성하다고 여겨졌으며, 이러한 친구관계를 위반한 사람은 존중받을 자격이 없다고 여겨졌다.

● 1697년 ●

고환과일

서인도 제도에서 자생하는 아보카도가 처음 영국 문학에 언급된 것은 윌리엄 댐퍼의 《새로운 세계일주 여행》(1697)에서였다.

스페인어로 '아보카도'는 사실 나우아틀 족의 '아후아카틀'이 잘못 전해진 것이며, 이는 아보카도의 모양과 비슷한 고환이나 음낭을 일컫는 말이었다. 이후 18세기에 영국인들은 이를 잘못 알아들어 '악어 열매^{alligator}'라고 부르기도 했다.

바비큐의 기원

댐퍼의 《새로운 세계일주 여행》에서는 영국 최초로 '바비큐'라는 말이 등장하기도 했다. 원래 '바비큐'는 잠을 자거나 고기의 훈제 및 건조를 위해 사용하던 나무판자를 일컫는 말이었다. 바비큐는 많은 사람에게 사랑을 받는 요리법으로, 이탈리아 속담인 "낡은 부츠라도 숯불에 구우면 다 맛있다"에 반박할 사람은 많지 않을 것이다. 그러나 영국의 셰프이자 진보당의 의원인 클레멘트 프로이트는 "바비큐는 훌륭한 요리 방법이라기보다는 그저 생존을 위한 방식에 불과하다"라며 바비큐 요리법을 인정하지 않았다.

죄를 먹는 자

 영국의 문인이자 골동품 수집가인 존 오브리가 1697년에 사망했다. 오브리의 많은 작품에서는 '죄를 먹는 자'에 대한 언급이 나온다. 오브리는 누군가 죽었을 때 사람들이 찾아와 돈을 받고 고인의 죄를 대신 먹는 의식이 있다고 기록했다. 아마도 이는 구약성서에서 성직자의 역할에 대해 언급한 '내 백성의 죄를 모두 먹었다(호세아 4장 8절)'라는 구절에서 유래한 것으로 보인다. 한 작품에서 오브리는 다음과 같이 적었다.

 웨일즈 근방의 슈롭셔 지역 노인들에 따르면 누군가 죽으면 마을 사람들은 이를 샤이어에게 알렸다. 샤이어가 고인의 집에 오면 사람들은 샤이어가 문을 마주보고 앉을 수 있도록 문 앞에 작은 의자를 놓아두었다. 이후 그의 주머니에 은화 한 닢을 넣은 뒤 빵, 에일을 주었고 샤이어는 이를 다 먹은 뒤 '고인이 영혼의 대가를 지불했고 이제 편안히 이승을 떠났다'라고 침착하게 말했다고 한다.

 또 다른 글에서도 오브리는 다음과 같이 유사한 관습에 대해 적었다.

헤리퍼드 지역에는 누군가 죽으면 고인의 죄를 먹어줄 가난한 이들을 고용하는 관습이 있었다. 고인을 상여에 모시고 나온 뒤 고용한 이에게 빵, 맥주와 함께 6펜스를 주면 고인의 죄를 모두 다 먹어 고인이 편안하게 세상을 뜰 수 있다고 믿었다.

또 다른 글에서 오브리는 "웨일즈 전역에서 이러한 전통이 있었으며 1686년까지도 영국의 북부에서 이러한 관습이 행해졌다"라고 기록했다.

— *Recipe* —
물푸레나무 익과(翼果) 피클 요리
영국의 문인 존 에블린은 《채식에 대한 짧은 글》(1699)에서 익과 피클 레시피를 소개했다.

1. 작은 익과를 모아 물에 끓여 쓴 맛을 제거한다.
2. 익과가 부드러워지면 맛이 강한 화이트와인 식초와 설탕, 물을 넣어 시럽을 만든다.
3. 익과와 시럽을 빠르게 삶아 익과가 초록색이 되게 한다. 차게 먹으면 좋다.

익과는 이후 근대에 들어서는 인기를 잃었다. 《시골의 야생열매》 (1902)를 쓴 에드워드 흄은 익과를 '한 번 먹으면 다시는 먹을 생각이 들지 않는 열매'라고 묘사했다.

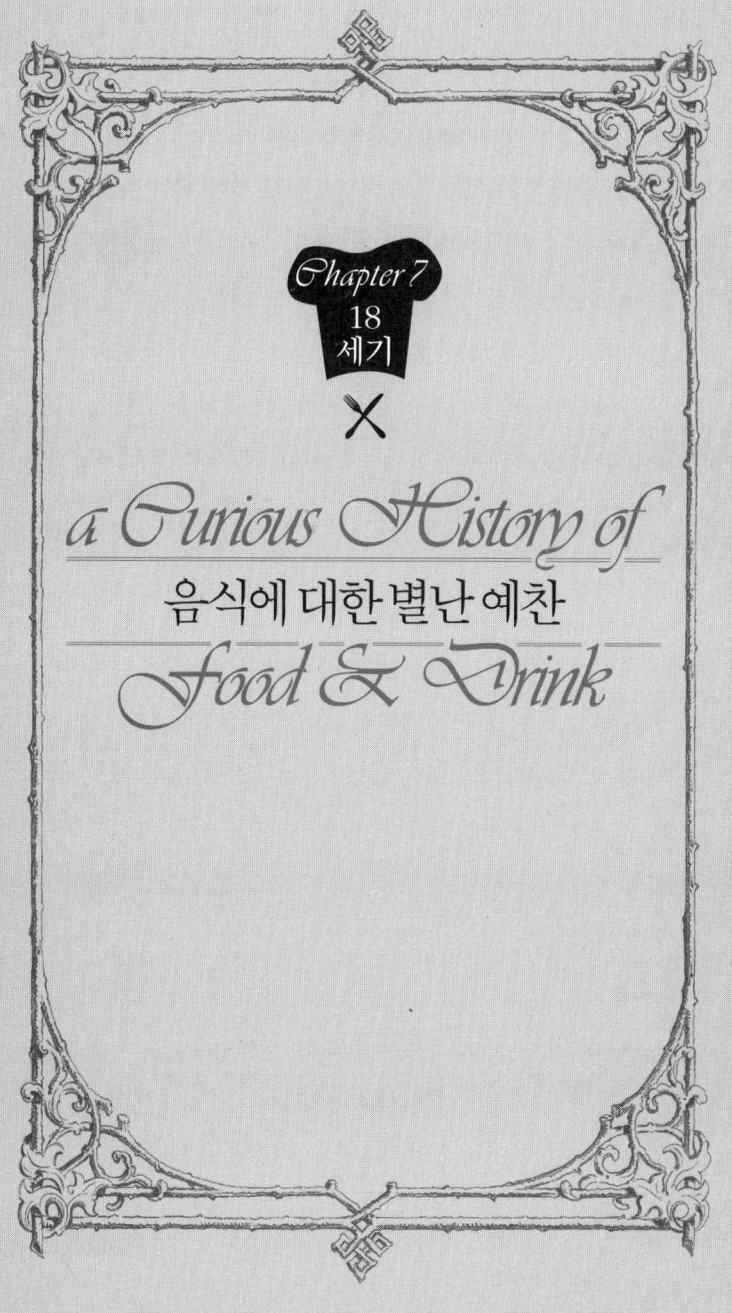

● 1703년 ●

베사멜소스의 기원

노인텔의 후작이자 루이 14세의 궁중 주방장이었던 루이스 베사멜이 1703년에 죽었다. 양파 맛이 나는 베사멜소스는 베사멜과 동료 주방장들이 함께 만들었다고 전해진다. 당시 베르사유의 또 다른 귀족은 "베사멜은 억세게 운이 좋다. 나는 베사멜이 태어나기도 전에 크림소스를 곁들인 닭고기 요리를 왕에게 선보였는데 그 누구도 내 이름을 따서 소스의 이름을 짓지 않았다"며 불평했다고 한다.

● 1715년 ●

오르되브르의 유래

전채 요리를 의미하는 '오르 되브르hors d'oeuvre'는 프랑스에서는 원래 '일터 밖'이란 뜻으로 사용했다. 16세기 후반 '별채'라는 의미를 갖게 되었고, 이후 1740년대에는 '메인 요리가 나오기 전에 식욕을 돋우기 위해 제공되는 특별한 요리'를 의미하게 되었다.

● 1718년 ●

양의 배설물 금지

아일랜드 의회는 양의 배설물과 커피콩을 섞는 것을 금

지하는 법을 통과시켰다. 오늘날의 커피 애호가들은 양이나 토끼의 배설물에서 커피콩을 얻지는 않는다. 하지만 사향 고양이의 배설물에서 얻은 커피콩은 마다하지 않는다(이후 1850년 참조).

— *Recipe* —

만주-한 제국의 향연

1720년 만주족이 세운 청나라의 강희제는 만주-한 제국의 향연이라는 호화스러운 향연을 열었다. 이는 강희제의 66번째 생일을 기념하기 위해서였을 뿐만 아니라 만주족과 한족의 요리를 모두 선보이는 연회를 베풀어 지배층인 만주족과 토착민인 한족의 화합을 도모하기 위함이었다. 향연은 3일 동안 총 6회에 걸쳐 연회를 열었고 약 300개가 넘는 요리가 제공되었다. 다음은 이 향연에 나온 요리이다.

낙타 등 요리, 원숭이 골 요리, 원숭이 입술 요리, 표범 태아 요리, 코뿔소 꼬리 요리, 사슴 힘줄 요리, 상어 지느러미 요리, 말린 해삼요리, 곰 발바닥과 철갑상어 요리, 오리, 닭, 뻐꾸기 뇌에 요리한 두부 요리

골든 코디알 레시피

E. 스미스의 《완전한 주부》는 런던에서 1727년에 출판됐다. 이 책에는 골든 코리알이라는 음료의 레시피가 나온다.

재료 : 브랜디 2갤런, 알케르메스(역자 주 : 붉은 색의 알코올 음료) 2모금 분량, 정향 오일 ¼모금 분량, 사프란 증류주 1온스, 금박

1. 브랜디를 큰 병에 담고 3~4스푼만 덜어 사기 컵에 따로 담는다. 사기 컵에 알케르미스, 정향 오일, 사프란 증류주 설탕를 넣고 섞은 뒤 다시 브랜디 병에 모두 담는다. 이후 2~3일 동안 하루에 한 번씩 병을 흔들어 내용물을 섞어주고 2주간 그대로 둔다.
2. 작은 병에 음료를 나눠 담고 병마다 금박을 약간씩 넣어준다.

* 금박은 많은 요리에서 사용되고 인체에 무해한 첨가물이다. 유럽연합에서는 금박을 무해한 식품첨가물로 지정했다.

∽ ∽ ∽

● 1729년 ●

겸손한 제안

조너선 스위프트는 단편 풍자소설 《겸손한 제안 : 빈민의 자녀가 부모와 국가의 짐이 죄는 대신 공공의 이익에 공헌할 수 있는 방법》에서 다음과 같은 제안을 했다.

내가 잘 아는 한 미국인이 말하기를 건강한 한 살배기 어린 아이는 가장 좋은 식재료로 스튜나 라구(역자 주 : 고기와 야채에 갖은 양념을 해서 끓인 음식), 프리카세(역자 주 : 잘게 썰어 야채와 섞은 요리) 등은 구워 먹어도, 삶아 먹어도 맛있는 재료라고 한다.

그래서 나는 겸손하게 다음과 같은 제안을 한다. 12만 명의 어린 아이들 중 2만 명 정도(4분의 1은 남자아이)는 식재료로 사용해야 한다. 왜냐하면 이 아이들은 우리가 야만적이라고 여기는 혼외자식들이기 때문이다. 남은 10만 명의 아이는 부유한 사람들에게 팔 수 있을 것이다. 음식을 충분히 먹여 살을 찌우면 좋은 식재료가 될 것이다. 어린아이 1명은 친구나 가족과의 만찬에 충분한 양의 음식을 제공할 수 있다. 생후 4일 된 아이는 약간의 소금과 후추로 간을 해 삶으면 겨울에 적합한 맛있는 요리가 될 것이다. 갓 태어난 아기는 평균 12파운드 정도의 무게가 나갈 텐데 잘 먹이면 28파운드까지도 체중을 늘릴 수 있을 것이다.

가난한 집에서 태어난 어린아이 요리는 특히나 가난한 사람들의 피를 빨아먹는 영주들에게 매우 사랑받는 요리가 될 것임에 틀림없다.

● 1731년 ●
물고기는 세 번 헤엄을 쳐야 한다

조너선 스위프트는 《상류층의 기발한 대화 모음집》에서 "물고기는 세 번 헤엄을 쳐야 해. 첫 번째는 바다에서, 두 번째는 버터에서 그리고 세 번째로는 좋은 적포도주 안에서 말이야"라고 영주가 말한 농담을 소개했다.

● 1735년 ●
영국의 로스트비프

작곡가 리처드 레버리지와 극작가 헨리 필딩은 《옛 영국의 로스트비프》라는 작품을 만들었다. 이 노래는 대중의 큰 사랑을 받아 연극의 상연 전후마다 관객들이 이 노래를 불렀다고 한다.

로스트비프가 영국인의 요리였던 그 옛날
로스트비프는 우리의 몸과 마음을 살찌웠네.
우리의 군인들은 용감했고 우리 신하들은 충성스러웠지.
오, 옛 영국의 로스트비프여!
오, 옛 영국의 로스트비프여!

그러나 우리는 허세뿐인 프랑스의 문화를 배워버렸어.

프랑스식 라구 요리를 먹고 프랑스인들처럼 춤을 추지.
우리는 이런 헛된 예절에 지쳐버렸어.
오, 옛 영국의 로스트비프여!
오, 옛 영국의 로스트비프여!

우리의 아버지들은 용맹스러웠고 강했어.
집 문은 열어두고 항상 기쁨이 넘쳤지.
그리고 모두가 함께 이 노래를 불렀어.
오, 옛 영국의 로스트비프여!
오, 옛 영국의 로스트비프여!

그러나 우리는 이제 사기꾼들에 속아서
길들여져 버렸어.
이들은 우리 선조의 영광을 모욕하곤 해.
오, 옛 영국의 로스트비프여!
오, 옛 영국의 로스트비프여!

150년 뒤 이 노래는 타이타닉 호에서 일등석 승객에게 저녁식사 시간임을 알리기 위해 불렸다.

1748년 윌리엄 호가스는 《옛 영국의 로스트비프》를 그렸다. 이 그림에서는 칼레의 성문 앞에서 영국인들을 위한 소고기를 사람들이 옮기고 있고 뼈만 앙상하게 남은 프랑스인들이 이를 부러워 쳐다보는 장면이 묘사되어 있다. 호가스는 칼레의 성문을 그리다 프랑스 당국에게 스파이라는 오명을 쓰고 체포당한 뒤 이 그림을 그리게 되었다고 한다. 다행히도 호가스가 체포되었을 당시 프랑스와 영국이 평화조약을 협상하고 있었기 때문에 무사히 풀려났다고 한다.

호가스가 이 그림을 그린 해에 영국을 방문한 스웨덴의 펄 캄은 다음과 같이 적었다.

영국인들은 고기를 완벽하게 굽는 미학을 그 누구보다도 잘 이해하고 있다. 사실 영국의 요리는 구이 요리와 플럼푸딩이 전부라는 점을 고려할 때 이는 당연한 일이다.

그리고 아마도 위와 같은 이유에서 프랑스인이 영국인을 '로스트비프'라고 낮춰 부르는 것일지도 모른다.

— *Recipe* —

심령술로 요리하기

1735년경 영국의 배우 존 리치는 '심령술사'라고 불리는 장치를 고안했다. 이것은 신선로 냄비같이 생겼는데 종이를 태워 고기를 익힐 수 있었다. 이후 이 '심령술사'는 '주술사'로 불리고 엘리자 액턴의 《근대 요리법》에도 등장한다.

1. '주술사'라 불리는 요리 기구를 사용하면 종이 한두 장만으로도 스테이크나 커틀렛을 요리할 수 있다.
2. 버터를 얇게 올린 뒤 간이 된 고기를 올리고 종이에 불을 붙여 화로에 넣는다. 8~10분이면 고기가 완벽하게 익는데 식감이 놀랄 만큼 부드럽다. 요리가 되는 동안 고기를 뒤집어 줘야 한다.
3. 이는 식사 시간을 정확히 모를 때 매우 유용하게 쓰일 수 있는 요리 도구이다.

∽ ∽ ∽

● 1736년 ●

진조령

영국에서 진조령이 공포되어 진에 매우 높은 세금이 부과되었다. 이에 따라 런던, 브리스톨 등 여러 도시에서 폭동이 발생했다. 법을 피하기 위해 많은 술집 주인이 진이라는 이름 대신에 '밥', '슬래피 보니타', '그레이프 워터' 등의 여러 가명을 사용한 술을 판매했으나, 모두 적발되었다.

• 1741년 •
괴혈병

 유럽 대항해 시대의 막이 오르며 괴혈병 또한 시작됐다. 괴혈병에 걸리면 초기에는 무기력감과 함께 출혈성 잇몸, 피부 반점, 코 점막 출혈 등의 증상이 나타나고 이후에는 화농성 피부염, 황달, 발열에 시달리다 심각한 경우 죽음에까지 이를 수 있다. 조지 앤슨 제독이 왕립 해군을 이끌고 1740~1744년 항해에 나섰을 때만 해도 괴혈병의 원인에 대해 밝혀지지 않았다. 괴혈병은 부실한 영양 상태 때문에 발생하는 병으로 특히 신선한 과일이나 채소로부터 얻는 비타민C의 결핍이 가장 큰 원인이다. 앤슨 제독의 사제인 리처드 월터는《세계항해일주》에서 선원 3명 중 2명의 목숨을 앗아간 괴혈병에 대해 다음과 같이 묘사했다.

 장기간의 항해에서 빈번하게 발생하는 이 질병은 매우 파괴적이다. 이 질병에 걸리면 무기력해지고 추위에 자주 몸을 떨고 작은 일에도 크게 겁먹게 된다.

 정말 놀라운 점은 이 병에 걸리면 차도 없이 계속 악화될 뿐이며 심지어 수년 전에 아문 상처가 다시 덧나게 된다는 것이다. 센추리온 호에 타고 있던 한 선원은 약 50년 전에 다친 상처가 있었는데 이 질병으로 인해 다시 상처가 덧나고 다시는 아물지 않았다.

군의관인 제임스 린드는 1750년대에 라임이나 레몬주스를 먹으면 괴혈병을 예방할 수 있다는 것을 발견했고, 제임스 쿡 선장은 1760~1770년 동안 항해를 떠날 때마다 샤워크라우트(역자 주 : 소금에 절인 양배추 요리)를 잔뜩 가져갔는데, 이 역시 괴혈병 예방에 도움이 된다고 한다. 이후 18세기 후반 왕립 해군은 선원들에게 의무적으로 농축 라임주스를 마시도록 했다.

● 1744년 ●
지방 과다 섭취 주의
스코틀랜드의 의사 존 암스트롱은 《건강 보호의 미학》이라는 저서에서 건강과 관련한 여러 가지 권고사항을 시로 만들었다. 다음의 시는 오일이나 지방의 과다 섭취에 대해 경고한다.

기름, 넌 해결할 수 없는 문제
너무나 부드럽게 우리의 담즙을 넘치게 해.
소란, 공포, 메스꺼움

앞으로 지방이 적은 음식을 선택해.

그러면 기쁨이 찾아오고, 모든 영양이 흡수될 거야.

● 1745년 ●
신의 계시

캐롤린 팍스는 스웨덴의 과학자이자 철학자인 엠마누엘 스베덴보리가 런던에 머무를 당시를 다음과 같이 기록했다.

스베덴보리는 런던의 작은 여관에 들어가 허겁지겁 저녁을 먹고 있었다. 갑자기 구석에서 예수의 형상이 보이더니 그에게 "천천히 먹어라"고 말했다. 이때부터 스베덴보리는 환영을 보고 불가사의한 존재와 소통하기 시작했다.

또 다른 사람은 스베덴보리가 식사를 끝내자 갑자기 눈앞이 캄캄하더니 구석에 있는 불가사의한 존재를 감지했다고 한다. 그가 "너무 빨리 먹지 마라"고 하자 겁에 질린 스베덴보리는 집으로 돌아갔다. 그러나 이 불가사의한 존재는 그의 꿈에도 나타나 자신이 예수이며 성경의 영적 의미를 설파하기 위해 스베덴보리를 찾아왔다고 설명했다고 한다. 그러나 스베덴보리가 이후 실제로 음식을 더 천천히 먹게 되었는지에 대해서는 알려진 바가 없다.

● 1747년 ●

프랑스식 달걀 요리

한나 글라세는 《쉽고 간단한 요리법》에서 프랑스식 달걀 요리를 소개했다.

> 달걀 12개를 요리하는 데 무려 6파운드의 버터를 사용한다는 요리사의 이야기를 들은 적이 있다. 실제로 그만큼의 달걀을 요리하는 데 버터 1파운드면 충분한데도 말이다.

글라세는 또한 〈1파운드의 버터를 굽는 법〉과 같은 레시피도 소개했다. 아마 글라세는 프랑스 요리에 대해 전혀 감명 받지 않은 듯하다. '꿩 양념법'을 소개한 뒤 글라세는 '개인적으로는 추천하지 않음. 쓰레기 같은 요리'라고 덧붙였다. '색다른 방법으로 케이크를 아이싱하는 법'에서 글라세는 용연향을 사용했다.

— *Recipe* —

토끼 구이

"우선 토끼부터 잡아라"는 말은 오랫동안 한나 글라세의 《쉽고 간단한 요리법》에 등장한 것으로 여겨졌는데 이는 사실이 아니다. 다음은 글라세의 토끼 구이 레시피이다.

1. 가죽을 벗긴 토끼를 준비한 뒤 속을 채울 스터핑을 만든다.
2. 소기름 ¼파운드, 빵가루, 다진 파슬리, 다진 타임, 작게 자른 앤초비, 소금 후추 약간, 넛메그, 달걀 2개, 레몬 필을 넣고 모두 잘 섞은 뒤 토끼의 속을 채운다.
3. 가른 배를 꿰맨 뒤 꼬치를 끼워 잘 피운 불에 올려놓는다.
4. 깨끗한 육즙받이 팬을 준비한 뒤 약 2리터의 우유와 버터 ½파운드를 팬에 넣는다.
5. 토끼 구이가 완성될 때까지 계속 버터와 우유를 발라준다.
6. 토끼의 간을 스터핑에 넣을 수도 있는데 살짝 익힌 뒤 잘게 다져 사용한다.
7. 레드와인과 설탕을 졸여 시럽을 만들어 곁들인다.

∽ ∽ ∽

● 1748년 ●

파르망티에와 감자

프랑스 의회는 나병을 야기한다는 이유로 감자의 재배를 금지하는 법을 통과시켰다. 아마 이는 토마토와 담뱃잎과 마찬가지로 감자 잎이 나병을 일으킨다는 가정에서 비롯됐을 것이다. 이에 따라 프랑스에서 감자는 동물 사료로만 사용되었으며 1755년이 되어서야 부유한 사람들의 연회에서 감자튀김 요리가 등장했다.

프랑스에서 감자가 사람에게 좋은 음식이라는 것을 일깨워준 것은 약사이자 영양학자인 앙투안 아우구스트 파르망티에였다. 7년 전쟁 중 프랑스군에서 복무하던 파르망티에는 프러시안 군인들에게 포위당해 오직 감자만을 먹으며 버텼다. 그리고 이 경험으로 감자를 좋아하게 됐다. 그의 노력 덕에 파리 대학교의 의학 교수진은 1722년 감자가 식용에 적합하다는 연구를 발표하기도 했다.

파르망티에는 화려한 만찬을 열어 감자의 좋은 점을 널리 알리고자 노력했다. 벤저민 프랭클린이나 앙투안 라부아지에와 같은 명사들이 초대되었고, 이국적인 다양한 감자 요리를 선보였다. 파르망티에는 왕과 왕비에게 감자 꽃으로 만든 꽃다발을 선물했고, 파리 서쪽 지역에 있는 감자 밭에 무장을 한 보초병들을 세워 사람들로 하여금 감자가 귀한 작물이라고 여기게 만들었다. 이러한 방법은 실제로 효과가 있었다. 사람들은 몰래 밭으로 들어가 보초병들에게 뇌물을 주면서까지 감자를 얻고자 했다. 그러나 미리 파르망티에의 지시를 받은 보초병들은 뇌물을 받고 밤에는 보초를 서지 않았다. 이후 1785년 대흉년으로 인해 감자는 대중적으로 사랑을 받게 되었다. 이후 파르망티에의 업적을 기려 감자가 들어간 많은 요리에는 '파르망티에'라는 이름이 붙었는데 프랑스식 쉐퍼드 파이인 '아쉬 파르망티에'가 바로 그 예이다.

● 1750년경 ●
무릉도원

18세기에 열린 한 축제 기간 동안 나폴리의 왕은 가난한 백성들을 위해 '무릉도원'이라는 뜻의 '쿠카냐 탑'을 세웠다. 이는 나무로 만든 탑으로 산의 모양을 본 떠 만들었는데 나뭇가지와 조화로 장식됐다. 이 탑에는 마치 무릉도원처럼 엄청난 양의 음식으로 가득차 있었는데, 새끼 양과 송아지들도 있었고 벽에는 오리와 비둘기가 매달려 있었다. 이 광경을 목격한 이는 "왕의 신호가 떨어지자마자 관중들이 탑으로 달려들어 가져갈 수 있는 것은 모두 가져가고자 앞다투어 싸웠고, 결국 사람들이 크게 다쳤다"라고 기록했다. 부자들은 이 광경을 재미있는 볼거리로 여겼다. 이 전통은 이후 1779년에 금지됐다.

● 1755년 ●
프랑스의 폼프리츠가 미국의 프리덤 프라이가 되기까지

프랑스의 요리 작가 메논은 《궁중의 정찬》이라는 책에서 궁전의 연회나 30~40명을 대상으로 하는 대규모 연회에 대해 기록했다. 이러한 연회에는 100가지 이상의 요리들이 다섯 코스로 나왔는데 메논이 소개한 레시피 중에는 오늘날의 감자튀김인 '폼프리츠'도 있었다. 감자를 튀기기 위해 많은 양의 식용유가 필요하다는 사실로 비춰볼 때 감자튀김은 당시 부자들의 전유물이었을 것이다.

1780년대 미국의 토마스 제퍼슨은 당시 신생 국가였던 미국에 폼프리츠를 가져와 1802년에는 백악관 메뉴에 '프랑스식 감자 요리'로 포함시켰다. 이후 폼프리츠는 '프랑스식 튀긴 감자 요리'에서 '프렌치 프라이', '프라이드'로 이름이 바뀌었다. 영국에서 감자튀김은 '칩스'라고 부르는데, 미국과 프랑스의 '칩스'는 얇게 썰어 튀긴 감자칩을 말하고 영국에서는 이를 '크립스'라고 부른다. 이후 프랑스 정부가 미국의 이라크 전쟁을 반대하자 미국에서는 화가 나 '프렌치 프라이'의 이름을 '프리덤 프라이'라고 바꿔버렸다고 한다.

스코틀랜드의 요리를 모욕한 존슨 박사

사무엘 존슨은 《영어사전》에서 "오트는 영국에서는 말 사료로 쓰이나 스코틀랜드에서는 음식으로 사용된다"라고 기록해 스코틀랜드인에게 모욕감을 느끼게 한 바 있다. 이후 1773년 존슨 박사는 스코틀랜드의 세인트 앤드루대학을 방문했을 때 다양한 프랑스의 진미들로 차려진 정찬을 대접받았다. 스코틀랜드의 시인 로버트 퍼거슨은 다음과 같은 시를 지어 존슨 박사에게 복수했다.

> 내 말 좀 들어보세요. 내가 거기에 있었다면
> 난 그렇게 많은 돈을 프랑스 음식에 쓰지 않았을 거예요.
> 난 그처럼 뚱뚱한 사람은 처음 봤어요.
> 잘 들어봐요.
> 그의 책에는 영국의 연회 음식에 대해 나와요.
> 그러나 영국에서 진미로 여겨지는
> 소나 말고기 같은 요리는
> 스코틀랜드에서는 흔해 빠진 요리로 하인이나 먹는 요리죠.

퍼거슨은 다음 시구에서 하기스(역자 주 : 양이나 송아지의 내장을 잘게 다져 향신료와 오트밀과 섞어 원래 동물의 위에 삶은 스코틀랜드 요리), 양머리, 블러드 푸딩 같은 스코틀랜드의 음식이 대신 대접되었어야 한다며 스코틀랜드 전통 음식을 나열했다.

● 1756년 ●

마요네즈의 탄생

프랑스 함대는 영국의 지배하에 있던 미노르카 섬의 수도인 마혼 항구를 장악했다. 이로 인해 영국의 빙 제독은 군법회의에서 "때로는 남들에게 본보기가 되기 위해서 사형도 필요하다"라는 이유로 사형선고를 받았다. 승리를 기념하기 위해 프랑스의 리슐리외 공작은 요리사에게 화려한 연회를 준비하라고 명했으나, 기름진 프랑스의 요리에 필요한 그 어떤 크림도 구할 수가 없었다. 당시 미노르카 섬에서 구할 수 있는 것은 레몬즙과 올리브유를 섞어 달걀 노른자와 마늘을 넣은 '아이올리 소스'밖에 없었고, 요리사는 크림과 비슷한 이 소스에서 마늘을 빼고 새로운 소스를 만들었다. 연회는 성공적이었고 리슐리외 공작은 승리를 기념하며 마혼 항구의 이름을 따 이 소스를 '마호네즈'라고 이름 붙였다. 이후 이 소스의 이름은 우리에게 친숙한 '마요네즈'가 됐다.

● 1757년 ●

차 - 모든 불행의 근원

영국의 조나스 한웨이는 《차에 대한 에세이》에서 차의 유해함에 대해 역설했다. "차를 마신 남자는 스스로의 본분과 위치를 망각하고 여자는 아름다움을 잃는다. 마치 청소부가 빗자루를 잃어버린 것과 같이 말이다. 이 모두가 차의 음용 때문이다"라고 주장한 한웨이는 가난한 노동계층이 상류층을 따라 차를 마시며 본분을 잃었고, 가난한 사람들이 빵을 살 돈으로 차를 삼에 따라 심각한 문제가 되었다며 분개했다. 한웨이는 나아가 "어린이들은 영양실조의 위험에 처했으며 차로 인해 우리의 수명이 급격히 줄었다"고 주장하며 "차가 도입된 이래로 자살도 더욱 빈번해지고 있다"라고까지 말했다.

이후 1821년 윌리엄 코베트는 《차를 마시는 것의 유해함》에서 차로 인해 좋은 올드 에일(영국식 맥주 에일의 한 종류)이 밀려나고 있다며 다음과 같이 차의 유해함에 대해 역설했다.

> 차는 아무런 효능과 영양이 없음에도 많은 사람이 이를 마신다는 것은 정말 개탄스러운 일이다. 차는 졸음을 유발하고 우리의 신경을 쇠약하게 할 뿐이다. 차를 마시는 것은 건강을 파괴하고 기력을 쇠약하게 하며 우리를 나약하고 게으르게 만든다. 차는 우리의 젊음을 앗아가고 노인에게는 비극만을 가져올 뿐이다.

— *Recipe* —

간단한 요리

1759년 뉴캐슬의 공작을 섬기던 영국의 요리사 윌리엄 베럴은 명성 높은 프랑스 셰프에게서 요리를 배우던 시절을 기록한 《완벽한 요리책》을 출판했다. 다음은 이 요리책에 소개된 간단한 요리의 레시피이다.

::: 파마산치즈를 곁들인 앤초비 :::

1. 좋은 오일과 버터를 사용해 앤초비 길이로 자른 빵을 튀긴다.
2. 빵 위에 앤초비를 반으로 잘라 올리고 파마산치즈 가루를 뿌려 오븐에 구워낸다.
3. 오렌지나 레몬즙을 뿌려 낸다.

이는 대단하지 않은 간단한 요리로 보이지만, 늘 호평을 받은 메뉴이다.

베럴의 요리책이 출판되었을 당시 영국은 프랑스와의 7년 전쟁으로 반 프랑스 감정이 극에 달했을 때였다. 이에 따라 애국심이 강한 이들은 프랑스식 요리를 선보이는 베럴의 요리책을 비판했고 1759년에 출판된 《크리티컬 리뷰》의 작가는 베럴에 대해 강한 반감을 표하기도 했다. 다음은 이 책의 내용 중 일부를 발췌한 것이다.

"《완벽한 요리책》은 요리책이 아니라 정치적 책이라고 보는 것이 더 적합하다. 이 책은 우리의 오랜 숙적인 프랑스인들의 편에서 쓰인 책이다. 베럴은 자기가 누군지를 완전히 잃어버리고 프랑스의 요리만을 선보이고 있다."

∽ ∽ ∽

● 1759년 ●

음악과 음식에 대한 사랑 1. 2인분을 먹는 헨델

독일계 영국인 작곡가 게오르그 프리드리히 헨델이 1759년 4월 14일에 작고했다. 18세기 음악사 연구가 찰스 버니에 따르면 헨델은 엄청난 대식가였던 것으로 보인다. 어느 날 헨델은 여관에서 2인분의 음식을 시킨 뒤 음식이 준비되면 방으로 바로 올려달라고 부탁했다. 여관 주인이 헨델에게 손님이 방문할 예정이냐고 묻자 헨델은 "제가 바로 손님이에요"라고 대답했다.

● 1762년 ●

샌드위치 발명가

정치가이자 예술 후원가인 존 몬테규 샌드위치 백작은 트럼프를 너무 사랑해 트럼프 게임을 하다가 밥을 먹으러 가는 시간을 아까워했다. 어느 날 하인에게 빵 두 장과 고기를 갖고 오라고 시킨 뒤 이를 함께 먹었는데, 이것이 바로 오늘날의 샌드위치라고 한다. 하지만 실제로 샌드위치 백작의 전기작가인 로저는 알려진 바와는 달리 샌드위치 백작은 늘 일이 많아 식사를 제대로 할 시간이 없었다고 한다. 그래서 아마 책상에서 일을 하며 먹기 위해 샌드위치를 만들었을 것이라고 주장했다.

사실 샌드위치 백작이 샌드위치의 최초 발명자는 아니다. 한 설에 따르면 14년 전, 당시 유명한 창부였던 패니 머레이는 그녀의 '최고급 서비스'에도 불구하고 리처드 아킨스 경이 20파운드 한 장을 주자 코웃음을 치며 이를 빵 사이에 넣은 뒤 버터를 발라 먹었다고 한다. 재미있는 사실은 앞서 말한 샌드위치 백작이 그녀의 주요 고객 중 한 명이었다는 것이다. 대법관인 하드위크는 샌드위치 백작의 동생인 윌리엄 몬테규의 수집품 중 패니 머레이와 또 다른 창부 키티 피셔의 초상화를 발견한 바 있다.

● 1764년 ●

관에서 자라는 로즈마리

프랑스의 자연학자 발몽 드 보마르는 《자연사 사전》에서 로즈마리에 관해 기록했다. 그에 따르면 고인의 손에 로즈마리를 쥐어주고 매장하고 수년 뒤 관을 열어보니 로즈마리가 무성히 자라 시신을 덮고 있었다고 한다. 그는 관에서 자란 로즈마리가 일반 로즈마리에 비해 맛이 어떻게 다른지에 대해서는 기록하지 않았다.

● 1765년경 ●
최초의 레스토랑

프랑스 단어 레스토랑의 원래 의미는 '회복시키다'로 15세기부터 '건강과 기력을 회복시키는 모든 음식이나 약을 칭하는 말로 사용되었다. 특히나 보양식으로 여겨진 고기 수프를 가리키는 말이었다. 레스토랑이 오늘날과 같은 의미를 가지게 된 것은 고기 수프를 팔던 한 제빵사가 "이곳에 오면 굶주린 사람들은 모두 기력을 되찾게 된다"라는 팻말을 내건 이후부터라고 한다.

● 1769년 ●
벌레 먹은 건빵

쿡 선장과 함께 남태평양을 항해한 자연과학자 조셉 뱅크스는 당시 선원들의 주식이었던 건빵에서 엄청난 양의 바구미가 발견되었다고 다음과 같이 적었다.

건빵 하나에서 바구미 수백 마리가 나오기도 했다. 바구미를 없애기 위해 우리는 건빵을 오븐에 넣고 불을 지펴 바구미들이 건빵에서 모두 빠져 나오게 하기도 했다.

건빵은 당시 전투식량으로도 사용되었는데 밀가루와 물

을 사용해 두 번 구운 것으로 고급 건빵의 경우 소금을 더하기도 했다. 건빵은 '개 사료', '이빨을 무디게 하는 과자', '철판', '벌레성' 등의 이름으로도 불렸다. 장기간 항해를 하는 경우에는 6개월 전에 미리 건빵을 네 번 구워 최대한 건조하게 만들어 장기간 보관이 가능하도록 했다. 미국 남북전쟁 중 군인들은 건빵을 부드럽게 하기 위해 커피에 찍어 먹기도 했는데, 맛이 부드러울 뿐만 아니라 건빵 안에 있는 바구미 유충이 커피 위에 떠올라 쉽게 건져낼 수 있기 때문이다.

데이비드 흄의 음식 사랑

저명한 철학자 데이비드 흄은 음식에 대한 사랑이 엄청났다고 한다. 흄은 길버트 엘리엇 경에게 쓰는 편지에서 다음과 같이 음식에 대한 자신의 사랑을 표현했다.

> 음식은 내가 평생 또한 중독되어 있을 예술입니다. 양배추와 소고기 요리, 양고기, 잘 익은 포도주……. 저보다 음식을 사랑하는 사람은 아마 없을 것입니다.

윌리엄 메이슨은 윌리엄 챔버스 경에게 쓴 편지에서 흄을 '에피쿠로스의 돼지들 중 가장 살찐 돼지'라고 묘사했으며, 1748년 이탈리아에서 흄을 만난 찰러몬트 경은 '거북이도 먹을 사람'이라고 기록했다.

— *Recipe* —

사순절 완두콩 수프

엘리자베스 와버튼 부인과 피터 경의 가정부였던 엘리자베스 라폴드는 그 어디에서도 소개되지 않은 800여 가지 요리에 대한 레시피를 모아 《경험 많은 영국의 가정부》를 출판했다. 다음은 이 책에서 소개된 사순절 완두콩 수프이다.

1. 3파인트의 삶은 완두콩을 약 5리터의 찬물에 담고 앤초비 3마리, 청어 3마리, 양파 2개, 정향, 당근 1개, 채 썬 파스닙, 향초를 넣고 걸쭉해질 때까지 삶는다.
2. 체에 걸러낸 뒤 파슬리의 윗 부분을 다져 넣고 버터와 소금, 후추로 간을 한다. 버터를 바른 빵을 잘 구운 뒤 작게 깍둑썰기를 해 그릇에 놓은 뒤 위에 수프를 담는다. 원한다면 약간의 민트를 넣어도 좋다.

그녀의 요리책은 큰 인기를 끌어 이후 저작권이 무려 1,400파운드에 팔렸다고 한다.

● 1771년 ●
런던의 유해한 빵

토비아스 스몰릿의 《험프리 클링커의 원정》에 나오는 한 등장인물은 다음과 같은 말을 한다.

런던의 빵은 유해하기 그지없다. 런던의 빵은 분필, 백반, 뼛가루를 넣어 만든 것으로 맛도 없고 몸에도 안 좋다. 이렇게 불순물이 들어갔다는 것을 사람들이 모르는 것은 아니나, 일반 밀가루 빵보다 색이 하얗기 때문에 이를 선호하는 듯하다. 더 하얀 빵을 먹기 위해 맛과 건강을 포기하는 멍청한 짓을 하고 있는 것이다. 제빵사는 이러한 빵이 자신과 가족을 독살시키는 것과 마찬가지라는 것을 모르는 것인가?

프랑스 음식 1. 쓸데없는 장식만 가득한 음식

같은 책에서 스몰릿은 프랑스 음식은 유해할 뿐만 아니라 사람이 먹기에 적합하지 못하다고 비판한다.

프랑스 요리사가 준비한 식사는 쓸데없는 장식만 가득해 영국인의 입맛에 맞는 것은 단 하나도 없었다. 수프는 설거지물에 푹 담근 식빵보다 조금 나은 정도였고, 라구는 마치 누가 먹다가 토해놓은 것 같았다. 프리카세는 역겨운 노란색이었고, 구운 요리는 훈제를 하느라 다 검게 그을려 냄새가 지독했다. 디저트는 시든 과일과 얼린 거품이 가득해 음식을 대접한 사람의 성격을 상징적으로 보여줬다. 맥주는 너무 시고, 물은 냄새가 났으며 와인은 단조롭기 그지없었다.

톰슨과 알바트로스

쿡 선장은 3년 동안 남극해를 항해한 뒤 무사히 고국으로 돌아왔다. 항해 기간 동안 요리사인 존 톰슨은 개, 가마우지, 펭귄과 같은 흔치 않은 재료를 갖고 요리를 해야 했다. 쿡 선장은 펭귄을 먹고 "수소의 간과 맛이 비슷하다"고 평했다.

톰슨이 요리한 알바트로스 새 요리에 대해 당시 같이 항해를 하던 자연학자 조셉 뱅크스는 다음과 같이 기록했다.

> 톰슨은 알바트로스의 털을 모두 제거해 소금물에 하룻밤 동안 담가둔 뒤 살짝 데쳐 물은 버렸다. 이후 물을 아주 약간만 넣은 뒤 살이 부드러워질 때까지 약한 불에서 끓여 짭짤한 맛의 소스와 함께 곁들여 냈다.

톰슨의 알바트로스 요리는 맛이 아주 좋아 뱅크스는 "모든 사람이 이 요리를 칭찬했다. 신선한 돼지고기 요리가 있었음에도 불구하고 모두가 알바트로스 요리만 먹었다"고 기록했다.

● 1773년 ●
오이는 무용지물

10월 5일 존슨 박사는 "영국의 의사들은 흔히 '오이를 얇게 채 썬 뒤 후추와 식초로 간을 해 쓰레기통에 버리라'고 권고한다. 오이가 그만큼 쓸모가 없기 때문이다"라고 기록했다. 그러나 다음의 19세기 시구를 보면 모두가 존슨 박사의 의견에 동의한 것은 아닌 듯하다.

나는 나의 작은 오이를 사랑해.
단단하고 곧은 오이
이 맛있는 오이를 더 많이 전파시키지 못하는 것이 안타까울 뿐.

● 1775년 ●
위험한 유럽 여행

이탈리아를 여행하던 밀러 부인은 페라라 근처의 한 마을에서 저녁식사 메뉴를 보고 기겁해 다음과 같이 적었다.

돼지고기 수프에 돼지 머리가 통째로 있었다. 속눈썹, 눈, 코의 형태가 뚜렷하게 보였고 심지어 돼지가 마지막에 먹던 것이 이 사이에 그대로 끼어 있었다.

밀러 부인이 이 수프에 손도 대지 않고 되돌려 보내자 삶은 제비 요리가 나왔다. 밀러 부인은 "말할 필요도 없이 그날 우리는 저녁을 굶었다"고 기록했다. 이탈리아 여행 중 요리를 보고 기겁한 것은 밀러 부인만이 아니었다. 다른 사람들 역시 '머스터드를 곁들인 까마귀 비장 요리'나 '개구리 요리'와 같은 요리를 보고 아연실색했으며 어떤 사람은 심지어 '올챙이가 들어 있는 물과 섞은 와인'을 마셔야 했다. 그는 나이프로 입을 가려 올챙이가 들어가지 않게 와인만 마셨다고 한다.

● 1779년 ●

궁중 식사 예절

유명한 아일랜드의 테너 마이클 켈리는 《회상담》에서 1779년 나폴리에서 유학하던 때를 기록했다. 켈리는 영국 대사 윌리엄 해밀턴 경의 후원을 받았는데 해밀턴 경의 주선으로 페르디낭 4세와 접견하는 자리에서 왕의 앞에서 노래를 할 기회를 얻게 되었다. 만찬에서 켈리는 왕이 파스타를 먹는 모습을 보고 깜짝 놀라 다음과 같이 기록했다.

왕은 손으로 파스타를 돌돌 말아 게걸스럽게 입으로 밀어 넣었다. 정말 놀랍게도 왕은 포크뿐만 아니라 스푼, 나이프 등 그 어떤 것도 사용하지 않고 손으로만 음식을 먹었다.

페르디낭 4세는 예의범절 따위는 모르는 천박한 왕으로 잘 알려져 있었는데, 심지어 마리 앙투아네트의 여동생이었던 왕비를 공공장소에서 더듬는 일은 부지기수였다고 한다. 하루는 페르디낭 4세가 바지도 제대로 입지 않은 채 도망치는 신하들을 향해 뛰어가며 자신의 요강을 좀 봐달라고 했다고 한다.

● 1781년 ●
날 돼지고기와 영감

헨리 퓨젤리는 로맨틱한 상상의 어두운 면을 그린 몽환적인 작품인 〈악몽〉을 그렸다. 이 작품의 주제는 퓨젤리가 날 돼지고기를 먹은 뒤 꾼 꿈으로부터 영감을 받은 것이라는 설이 있다. 당시에는 날 돼지고기가 예술가에게 영감을 준다는 미신이 있었다. 키츠의 시를 읽은 뒤 바이런은 '날 돼지고기와 아편에 의해 만들어진 난리법석'이라고 악평을 했는데, 여기에서 역시 날 돼지고기에 대한 당시의 미신을 엿볼 수 있다.

아스파라거스의 부작용

프랭클린은 '왕립방귀학교 귀하'라고 쓴 편지에서 아스파라거스의 부작용에 대해 다음과 같이 적었다.

아스파라거스를 조금만 먹어도 소변에서 아주 불쾌한 냄새가 나는 반면, 완두콩 크기만큼의 테레빈유는 제비꽃과 같은 좋은 냄새가 나게 한다.

이와 비슷한 내용을 이탈리아의 셰프 펠레그리노 아르투시의 《주방에서의 과학과 잘 먹는 법》에서도 찾아볼 수 있는데, 아르투시는 요강에 테레빈유를 몇 방울 떨어뜨려 놓을 것을 권한다. 실제로 아스파라거스를 먹은 2명 중 1명은 소변에서 불쾌한 냄새가 난다고 주장했는데, 이는 아스파라거스의 산성 성질 때문이라고 한다.

● 1782년 ●

미국과 샐러드 볼

건국 초기 미국 국회는 '에 플루리부스 우눔$^{E\,pluribus\,unum}$(다수로부터의 하나)'를 표어로 지정해 국장에 적었다. 이는 베르질리우스의 라틴어 시 〈모레툼〉에서 유래한 것이다. 존 어거스틴 월스태치의 1884년 번역에 따르면 이 시의 내용은 다음과 같다.

> 빙글빙글 돌아가며 서서히 색이 사라진다.
> 각기 다른 재료가 각기 다른 맛을 낸다.
> 한 가지 색이 모든 색을 지배하며
> 여러 색이 어우러진다.

'모레툼'은 '허브'를 의미하는데 위 시는 마늘, 파슬리, 루, 양파, 치즈, 소금, 코리앤더, 식초, 오일을 넣어 만든 샐러드를 만드는 장면을 묘사한 것이다.

영국의 토스트

독일 작가 칼 필립 모리츠는 《1782년 독일인이 본 영국》에서 영국의 음식에 대해 다음과 같이 묘사하였다.

> 버터를 바른 빵은 양귀비 잎만큼이나 얇은데 영국인들이 이 빵을 굽는 방법은 가히 모두를 능가한다. 버터를 바른 빵을 불에 굽는데 빵 한 장의 버터가 녹으면 바로 다른 빵을 위에 얹어 버터가 빵에 완벽히 스며들게 한다. 영국인들은 이를 '토스트'라고 부른다.

오래된 빵을 맛있게 만들기 위해 빵을 최초로 토스트 한 것은 로마인들로, '토스트'란 말 역시 '볶다'라는 라틴어 '토스타르tostare'에서 유래한 것이다. '건배를 제의하다'라는 뜻의 영어 단어 '토스트' 역시 같은 단어에서 유래했다. 토스트란 단어가 15세기 영국에서 처음 사용되었을 때는 '불에서 구운 뒤 와인이나 에일에 담가 먹는 빵'을 의미했다. '토스트'는 또한 '마을에 평판이 난 미인, 모두에게 건배를 받는 미인'이란 뜻이 있는데, 이는 토스트를 술에 담그면 맛이 좋아지는 것처럼 이름만으로도 술맛이 좋아질 만큼 아름다운 여인을 비유적으로 표현할 것이다.

그가 물었다. '왜 살아 있는 사람들을 토스트라 부르나요?' 나는 '술을 마실 때 보리지 잎을 넣어 맛이 좋아지게 하는 것처럼 이름만으로도 술맛이 좋아지게 하는 여자란 뜻에서야'라고 대답했다.

— 리처드 스틸, 《태틀러》 중에서

● 1784년 ●

뜨거운 감자

사무엘 존슨 박사가 1784년에 세상을 떴다. 출처가 분명하지 않은 한 이야기에 따르면 어느 날 식사에 초대받은 존슨 박사가 갑자기 뜨거운 감자를 뱉어 모두에게 감자가 뜨겁다고 알려줬다고 한다. 존슨은 초대한 사람에게 "바보라면 아마 이걸 그냥 삼켰겠지요"라고 말했다고 한다.

보스웰이 저서 《삶》에서 존슨의 말을 기록한 바에 따르면 존슨은 음식을 매우 중요하게 생각한 것 같다.

> 몇몇 사람은 마치 그들이 무엇을 먹는지 별로 신경 쓰지 않거나 신경 쓰지 않는 척하는데 이는 바보 같은 짓이다. 나는 내가 무엇을 먹는지를 매우 중요하게 생각하며 주의를 기울인다. 나는 자신이 무엇을 먹는지에 관심 없는 사람은 결국 모든 것에 관심이 없다고 생각한다.

맹인의 카페

파리의 팔레 루아얄은 여러 가게, 카페, 바, 서커스나 다양한 볼거리가 있는 새로운 복합 건물로 재탄생했다. 그 중 가장 악명 높은 명소는 '맹인의 카페'로 음악을 연주하는 모두가 맹인이기 때문에 보는 눈 걱정 없이 온갖 방탕한 짓을 할 수 있는 곳이었다.

1805년 이 건물은 '야만인의 지하실'이란 곳이 생기며 더

홍미진진해졌다. 이곳에서는 은화 두 닢으로 야만인들의 온갖 성행위를 볼 수 있었다. 팔레 루아얄의 또 다른 명소는 '기계공의 카페'로 모든 주문이 주방으로 연결된 튜브를 통해 전해졌고, 음식은 특수 제작한 식탁의 가운데에서 튀어나왔다.

● 1785년 ●
무시무시한 음료

그로스 선장의 《서민 언어 사전》을 보면 당시에 사람들은 '스카치 초콜릿'이라는 유황과 우유를 섞은 무시무시한 음료를 마셨다고 한다. 수십 년 후 빅토리아 시대의 선원들은 탄 비스킷을 뜨거운 물에 넣어 '스카치 커피'를 마시기도 했다. 19세기 스코틀랜드 글래스고의 빈민촌에서는 더 끔찍한 음료가 만들어졌는데, 석탄 가스가 섞인 우유인 '스테어히드 샌디' 음료를 환각 효과 때문에 즐겨 마셨다고 한다.

● 1787년 ●
햄 50개

프랑스의 수비즈 왕자 샤를 드 도한이 1787년에 사망했다. 샤를 왕자의 요리사는 오직 최고급의 농축 육수만을 사용해 소스를 준비하곤 했는데, 어느 날은 샤를 왕자에게 햄

50개를 구해달라고 요청했다.

"햄 50개? 그걸 다 먹으면 배가 터져버릴지도 몰라!"
왕자가 말했다.
"왕자님, 걱정 마십시오. 제가 그 햄을 엄지손가락만큼 농축시켜서 훌륭한 요리를 만들겠습니다."

결국 요리사는 햄 50개를 얻었다고 한다.

하기스에 관하여

영국의 시인 로버트 번스는 다음과 같은 시를 지어 스코틀랜드의 전통 요리인 '하기스'에 대한 사랑을 표현했다.

너의 진실되고 행복한 얼굴에 행운이 깃들길!
푸딩 중의 최고의 푸딩!

다진 양의 내장, 오트밀, 소기름, 향신료, 다진 양파를 섞어 양 고기 위에 삶은 요리인 하기스는 사실 스코틀랜드에서만 먹었던 음식은 아니다. 잉글랜드에서도 1700년까지 하기스를 먹었고 최초의 하기스 레시피(15세기)는 잉글랜드 랭커셔 지방에서 발견되었다. 최초로 출판된 레시피 역시 저베스 마크햄의 《영국의 가정주부》에서 소개된 레시피이다. 이후 하기스는 '플라잉스코츠맨(하기스를 넣은 닭가슴살 요리)'이나 '치킨발모럴(플라잉스코츠맨을 베이컨으로 감싼 것)' 등 새로운 변형 요리들을 탄생시켰다. 글라스고의 몇몇 인도 음식점에서는 하기스 바지(역자 주 : 남아시아식 야채볶음 요리)를 찾아볼 수 있고, 에딘버러의 한 가게에서는 심지어 하기스맛 초콜릿도 판다. 미국에서는 1989년부터 2010년까지 질병이 퍼지는 것을 두려워해 하기스 수입을 금지하기도 했다.

버미셀리와 구더기

영국의 시인 윌리엄 쿠퍼가 헤스킷 부인에게 쓴 11월 27일의 편지에는 다음과 같은 사건이 기록되어 있다.

거지가 길에서 음식을 구걸하자 한 요리사가 나와 그에게 버미첼리 수프를 주었어. 그는 한 숟가락을 떠 보더니 다시 수프를 요리사에게 주며, "저는 미천한 굶주린 거지에 불과하지만 그렇다고 해서 구더기가 든 수프를 먹을 수 는 없습니다"라고 말했다네.

흥미롭게도 실제로 이탈리아에서 수프에 사용되는 얇고 실 같은 파스타면인 '버미셀리'의 뜻은 '구더기'이다.

타조의 위

영국의 작가 윌리엄 백퍼드는 스페인과 포르투갈을 여행하며 적은 일기에서 다음과 같이 기록했다.

엄청난 양의 음식을 먹는 포르투갈인은 타조의 위를 가졌음에 틀림없다. 이들의 야채, 쌀, 고기 요리 모두가 햄을 사용해 요리되었으며 후추와 향신료가 너무 많이 들어가 완두콩 한 숟가락, 양파 한 조각만 먹어도 입에 불이 난다. 이러한 음식과 지나친 사탕 섭취로 인해 포르투갈인들은 늘 두통과 우울증에 시달린다.

● 1788년 ●

덴비데일의 거대 파이

요크셔 지방 덴비데일 마을의 화이트 하트 여관에서는 조지왕 3세의 광기가 사라짐을 기념하기 위해 거대한 파이를 만들어 마을 사람들과 나눠먹었다.

이후 특정한 일이 있을 때마다 이 마을에서는 거대한 파이를 만들기 시작했다. 1815년에는 워털루 전투에서 웰링턴의 승리를 기념하기 위해 닭 여러 마리와 양 두 마리로 거대한 파이를 만들었다. 이 마을 출신이자 전쟁에 참전한 조지

윌비가 그의 칼로 파이를 직접 잘랐다고 한다.

1846년에는 저렴한 외국의 곡물 수입을 금지함으로써 빵 가격을 높이고 '굶주림의 1840년대'를 야기했던 곡물법이 폐지되자 이를 기념하기 위한 파이가 구워졌다. 이 파이는 만 지름 약 2미터에 깊이 60센티미터로 소고기 100파운드, 송아지 1마리, 양 5마리, 토끼 21마리와 새 89마리 등이 사용됐다고 한다. 이 파이를 굽는 데만 10시간 반이 걸렸고, 너무 무거워 결국 이 파이를 올린 단상이 무너지기도 했다. 단상이 무너지자 그 자리에 있던 약 1만 5,000명의 관중들이 달려들어 파이를 마구 먹었다. 이 사건에 관해 곡물법 찬성론자들이 단상을 고의로 무너뜨렸다는 이야기도 있고, 거대한 플럼파이를 만들던 이웃 마을에서 이를 시기해 단상을 무너뜨렸다는 이야기도 있다. 또 다른 이야기에 따르면 연설이 너무 길어지자 지루해진 마을 청년 두 명이 몰래 단상을 무너뜨렸고, 결국 연설을 하던 사람이 파이 안으로 빠졌다고 한다.

1887년에는 빅토리아 여왕의 즉위 50주년 기념 파이가 구워졌다. 1846년의 참사를 막기 위해 마을 조직 위원회에서는 가스탱크 회사를 고용해 강철로 대형 파이 접시를 제작했다. 이 파이에는 총 소고기 1,581파운드, 송아지 163파운드, 어린 양고기 180파운드, 양 180파운드, 돼지고기 250파운드, 토끼 67마리, 새 153마리, 감자 588파운드가 사용되었다. 고기를 먼저 차례로 익힌 뒤 파이에 넣었고 각종 새들은 날 것으로 넣어 오븐에서 구웠다. 그러나 수많은 관중 앞에서 파이를 자른 순간 고기 썩은 냄새가 코를 찔렀다. 결국 이 파이는 통째로 석회가루를 뿌려 묻어버렸다. 당시 이를 안타까워 하며 다음과 같은 시가 나왔다고 한다.

> 눈 앞에선 사라졌으나 기억만은 생생하네.
> 아직도 앞에 있는 것처럼 냄새가 생생하네.
> 너의 삶은 너무나 짧았고 너의 부패는 너무 순식간에 찾아왔다.
> 그래서 우리는 한시의 지체도 없이 너를 묻는다.

불명예를 회복하기 위해 덴비데일의 여자들은 새고기는 제외하고 암소 1마리, 송아지 2마리, 양 2마리, 감자 1,344파운드를 사용해 새롭게 파이를 만들었다.

1896년은 곡물법 폐지 50주년이 되는 해였다. 1896년의 파이 역시 새고기는 전혀 사용하지 않았고, 의사가 먼저 확인을 한 뒤 파이를 나눠줬다. 파이를 올린 단상은 특수 제작해 강화되었고 울타리를 쳐 관중들이 몰리는 것을 막았다.

1928년에는 1차 세계대전의 승전을 기념하기 위한 파이를 구웠다. 당시 마을 사람들은 세계에서 가장 큰 파이를 만들고자 했다. 길이 4미터, 너비 1미터, 깊이 38센티미터의 직사각형 모양의 파이를 만들기 위해 수소 4마리, 감자 1,500파운드가 사용되었으며 총 30시간이 걸려 요리가 되었다. 그러나 파이가 오븐에 껴서 결국 오븐의 한 면을 부순 뒤에야 파이를 꺼낼 수 있었다.

1964년에는 영국의 왕족인 에드워드 왕자, 레이디 헬렌 윈저, 레이디 사라 암스트롱 존스, 제임스 오길비의 생일을 기념하기 위한 파이가 만들어졌다. 이 파이는 길이 5미터, 너비 2미터, 깊이 45센티미터, 무게 6.5톤으로 이전의 파이보다 크기가 커졌다. 이 파이의 레시피는 전문가로 구성된 위원회의 검토를 받고 만들어졌다. 총 3만인분의 파이가 1시간 안에 순식간에 팔렸다.

1988년은 200주년 기념 파이로 새로운 기록을 경신했다. 이 파이는 길이 6미터, 너비 2미터, 깊이 45센티미터로 소고기 3,000킬로그램, 감자 3,000킬로그램, 양파 750킬로그램이 사용되었다. 보건법에 따라 이 파이는 퍼레이드 중에 따뜻하게 유지되어야 했다. 이를 위해 파이 접시 주변에 파이프를 두른 뒤 뜨거운 물을 순환시켜 파이를 따뜻하게 유지했다고 한다. 축제에는 수십만 명이 모였고 총 8,000파운드의 기금이 모아졌다.

2000년에는 새천년을 기념하기 위해 최대 규모의 파이가 만들어졌다. 무게 12톤, 길이 12미터, 너비 2미터, 깊이 1미터의 파이를 만들기 위해 로더럼의 제철회사와 허더즈필드 대학교 공대가 협력했다. 이 파이를 만들기 위해 역대 최대의 재료가 들어갔을 뿐만 아니라 웨이크필드 주교의 축복을 받았다.

● 1789년 ●
토머스 제퍼슨의 또 다른 업적

당시 미국의 프랑스 전권대사였던 토머스 제퍼슨은 나폴리를 방문한 친구에게 마카로니를 만드는 기계를 사다 달라고 부탁했다. 제퍼슨이 귀국할 때 같이 갖고 온 이 마카로니 기계가 바로 미국 최초의 마카로니 기계이다. 그러나 제퍼슨이 파리의 파스타 제조업자인 폴 말루앵의 "삶은 소의 뇌와 오일을 섞으면 최고의 유연제가 된다"는 조언을 받아들였는지의 여부는 알려지지 않았다.

● 1790년 ●

코끼리발바닥 요리

프랑소와 발리언트는 《희망봉과 아프리카 내륙 여행》에서 남아프리카의 호텐토트족이 대접한 구운 코끼리발바닥 요리를 아침으로 먹은 일에 대해 다음과 같이 기록했다.

> 아주 좋은 냄새가 나서 먹어보니 맛도 좋았다. 곰발바닥이 맛이 좋다는 이야기는 들었으나 코끼리처럼 거대하고 역겨운 동물이 이렇게 맛있는 요리가 될 줄은 상상조차 못했다. 나는 "고향의 그 어떤 미식가도 이런 진미를 먹어보진 못했을 겁니다. 그들은 다양한 나라에서 온 사치스러운 과일과 요리를 즐기겠지만 내가 지금 맛본 이런 훌륭한 진미 요리는 어디서도 찾을 수 없을 겁니다"라고 말했다.

이와는 대조적으로 로렌스 반 데어 포스트는 《아프리카의 맛》에서 "코끼리 고기는 너무 질겨서 맛을 제대로 느낄 수가 없다"라고 기록했다. 하지만 포스트는 아프리카에 있는 몇몇 영국인들은 매주 일요일마다 코끼리 머리와 발바닥 요리를 먹는다고 덧붙였다. 포스트는 코끼리보다는 기린 요리를 더 높이 평가했는데, '아프리카 원주민들이 가장 좋아하고 가장 오래된 진미 요리'라고 기록했다. C. 루이 레이폴트 역시 "기린의 긴 혀를 잘 요리하면 아주 맛있는 요리가 된다"라고 기록하였다. 레이폴트는 와인과 식초로 양념을 한 뒤 튀긴 사자 스테이크 요리를 추천했다.

● 1794년 ●

구두쇠의 식단

악명 높은 구두쇠 다니엘 댄서가 1794년 9월 30일에 사망했다. 댄서는 매년 셔츠 한 벌을 샀는데, 한 번은 3펜스를 더 비싸게 받았다며 옷가게 주인과 싸우기도 했다. 또한 그는 하루에 한 끼만을 먹었는데 약간의 고기와 푹 삶은 만두 요리를 먹었다. 댄서의 유일한 친구이자 훗날 댄서의 모든 유산을 받은 템피스트 부인이 어느 날 그에게 숭어 요리를 선물했는데, 댄서는 불 피우는 돈도 아까워 숭어 요리 위에 앉아 몸을 데웠다고 한다.

● 1799년 ●

영국의 음식 2. 카라시올로가 남긴 명언

나폴리 대사 프란체스코 카라시올로가 1799년 사망했다.

그는 "영국에는 종교가 60개나 되지만 먹을 만한 소스는 오직 한 개밖에 없다"는 유명한 말을 남겼다.

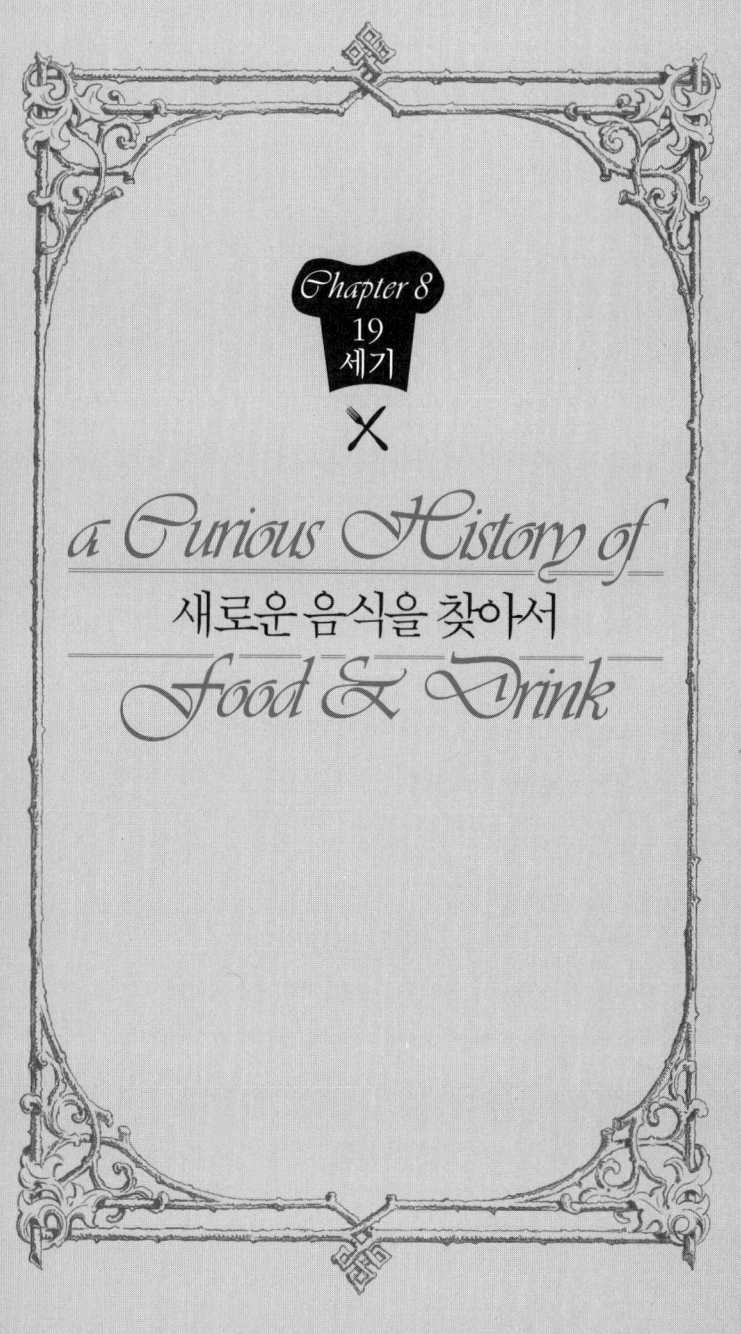

• 1800년 •
코냑 vs. 위스키

다음은 글래스고의 '비프스테이크 클럽'이라는 사교 모임의 회장이었던 존 윌슨에 관한 이야기이다. 당시 영국인들은 프랑스 혁명에서 전파된 민주주의 원칙에 대해 반감을 갖고 있었다.

하루는 클럽의 한 회원이 위스키(역자 주 : 스코틀랜드의 술)를 한 잔 마신 뒤 바로 브랜디(역자 주 : 프랑스의 술)를 한 잔 마시는 것을 보았다. 윌슨은 "도대체 뭐 하시는 겁니까! 훌륭한 스코틀랜드인 위에 하찮은 프랑스인을 넣다니!"라고 농담을 했다. 그러자 그 회원은 위스키 한 잔을 다시 마시더니, "이제 스코틀랜드인 두 명 사이에 프랑스인이 껴서 옴짝달싹 못하게 되었습니다!"라고 대답했다고 한다.

— Recipe —
치킨 마렝고

1800년 6월 14일 나폴레옹은 오스트리아군을 몰아내는 데 결정적인 역할을 한 마렝고 전투에서 승리를 거두었다. 전쟁이 끝나고 허기가 진 나폴레옹은 셰프인 두란드에게 먹을 것을 내오라고 시켰다. 근처에서 찾을 수 있는 재료들을 이용해 두란드는 다음의 레시피를 발명했다.

1. 뼈만 앙상하게 남은 닭을 가져와 사브르 검으로 배를 가른 뒤 오일에 튀긴다.
2. 마늘과 다진 토마토, 물과 가재를 넣고 찐다.
3. 모든 재료가 부드러워질 때까지 뭉근히 끓인다.
4. 나폴레옹의 술병에 담긴 코냑을 조금 넣는다.

나폴레옹은 이 요리를 먹고 감탄해 늘 이 요리를 주문했다고 한다. 일부에서는 치킨 마렝고가 마렝고 전투 이전에 파리에서 이미 발명된 레시피라고 주장하는 반면, 몇몇 음식 역사학자들은 당시에 이탈리아 북부에서 토마토를 쉽게 구할 수 없었을 것이라고 주장한다. 오늘날 치킨 마렝고는 원 레시피에 있던 가재와 코냑, 달걀을 빼고 드라이 화이트 와인, 버섯, 파슬리를 사용해 만든다.

∽ ∽ ∽

● 1808년 ●
프랑스인에게 코스 요리를 전파한 쿠라킨 왕자

러시아의 알렉산더 보리소비치 쿠라킨 왕자는 늘 화려한 옷을 입어 '다이아몬드 왕자'라는 별명을 갖고 있었는데 파리에 외교관으로 있는 동안 '러시아식 코스 요리'를 전파했다. 러시아식 코스 요리는 메뉴를 하나씩 순서대로 내오는 방법을 일컫는데, 모든 음식을 한번에 내오는 '프랑스식 코스 요리'와는 정반대의 방식이었다.

포도주의 효능

영국인 변호사 윌리엄 히키가 1808년에 《회고록》을 쓰기 시작했다. 회고록에는 동인도회사에 근무하던 존 로이드 경에 관한 신기한 일화가 나온다. 윌리엄 히키는 "존 로이드 경은 레드와인 덕분에 병이 나았다. 사람들이 24시간 내내 존 로이드 경의 목에 4병이나 되는 레드와인을 퍼부었는데 그 이후 경의 병이 씻은 듯이 나았다"고 기록했다.

● 1810년 ●
영국의 첫 커리 하우스

인도인 의사이자 여행가, 사업가인 사키 딘 마호메드가 런던의 조지 스트리트에 첫 커리 하우스를 열었다. 최고의 인도 요리를 선보였음에도 불구하고 레스토랑은 1년 만에 문을 닫았고, 마호메드는 1915년 아일랜드 아내인 제인과 함께 브라이튼으로 거처를 옮겼다. 그곳에서 마호메드는 '인도식 수증기탕'을 열었는데 류머티즘, 사지마비, 통풍, 염좌, 관절통 등에 효과가 있다고 광고를 했다. 마호메드의 수증기탕은 영국에 샴푸와 마사지를 최초로 소개하여 큰 인기를 끌었다. 이로 인해 마호메드는 '브라이튼의 의사'라는 별명을 얻기도 했다.

영국에서 가장 오래된 커리하우스는 런던의 리젠트 스트리트에 있는 '비라스와미'로 영국인 군인과 인도의 공주 사이에서 태어난 사람의 증손자인 에드워드 팔머가 1926년에 문을 열었다. 윈스턴 처칠, 스웨덴의 구스타브 6세, 자와할랄 네루, 인디라 간디, 찰리 채플린 등이 이곳을 즐겨 찾았다고 한다.

● 1811년 ●

혜성 빈티지

플라우게르게스 혜성은 1811년의 대혜성으로도 알려져 있는데 이로 인해 '혜성 빈티지'라는 말이 생겼다. 바로 혜성이 출현한 1811년산 와인이 우연히도 최고급 빈티지 와인의 해였기 때문이다. 이후 혜성이 출현한 해와 빈티지 와인의 해가 겹쳤던 때는 1826년, 1839년, 1845년, 1852년, 1858년, 1861년, 1985년과 1989년으로 일부 전문가에 따르면 혜성이 출현하지 않은 해에도 최고의 빈티지 와인들이 나오긴 했다고 한다. 실제로 1986년 말 핼리 혜성이 발견된 해에 최고의 빈티지 와인이 나왔으나 1910년에는 별다른 와인이 나오지 않았다. 오히려 1910년은 우박과 홍수로 샹파뉴 지방에서는 포도 농사가 망하기도 했었다.

1811년은 혜성 빈티지 중 가장 높은 평가를 받는다. 이 해에 샹파뉴 지방의 뵈브 클리코 하우스에서는 근대의 샴페인 주조법을 개발했다. 이는 기포를 유발시키는 탄산은 유지하면서도 침전물은 제거하는 방법이었다. 1811년의 빈티지 포트와인도 매우 훌륭했는데 조지 바로우의 《로마니 라이》에서 포트와인에 대한 언급을 찾아볼 수 있다.

그는 깨끗한 잔 두 개를 달라고 부탁한 뒤 작은 병을 들고 돌아왔다. 그는 코르크 마개를 손으로 딴 뒤 자리에 앉으며 말했다. "내가 지금 가져온 와인은 1811년 포트와인이야. 혜성 빈티지 와인으로 최고지. 우리가 지금까지 마시던 와인도 물론 좋았지만 이 와인에는 비할 수 없어. 이 와인은 그 누구에도 팔 수 없다네"라고 말한 뒤 잔을 채웠다. 방에는 금세 와인의 아로마로 가득 찼다.

최고의 찬사를 받은 와인은 1811년 샤토 디켐으로 1966년 와인 전문가인 로버트 파커에게 100점을 받기도 했다. 대부분의 화이트와인은 몇 년 안에 맛이 변질되지만 샤토 디켐은 포도의 산도와 당도 덕분에 시간이 지나도 맛이 변하지 않는다고 한다. 2011년 8월 26일 런던의 한 경매에서 1811년산 샤토 디켐은 화이트와인으로서는 최고가인 7만 5,000파운드의 낙찰가를 기록하기도 했다.

술고래

주당으로 유명했던 아일랜드의 정치가 허큘리스 랭그리셔가 이 해에 사망했다. 어느 날 랭그리셔가 앉은 자리에서 세 병의 포트와인을 다 마신 걸 보고 놀란 친구가 혼자서 다 마신 거냐고 물었다. 랭그리셔는 "물론 나 혼자 다 마셨지. 저기 있는 마데이라 와인은 나중에 먹으려고 남겨뒀다네"라고 대답했다.

● 1814년 ●

비스트로의 유래

오스트리아와 프러시아, 러시아 군대가 파리를 함락하자 나폴레옹은 퇴위하고 엘바 섬으로 유배 보내졌다. 당시 파리의 모든 레스토랑에서는 배고픈 군인들이 러시아어로 "비스트로(빨리)"를 외치는 소리로 가득 찼다. 언어학자들은 비스트로라는 말이 19세기 이후에야 등장했다고 주장하지만,

일부에서는 파리 함락으로 인해 프랑스어에 '비스트로'라는 말이 생겼다고 주장한다. 프랑스어로 '비스트로'는 '간소한 레스토랑'을 뜻한다. 또 다른 설에 따르면 비스트로는 커피 술을 의미하는 '비스토이'에서 유래되었다고 한다.

● 1817년 ●

아름다운 마담 베리

싱가포르를 최초로 발견한 토머스 스탬퍼드 래플스는 파리의 팔레 루아얄 건물에 있는 베리 레스토랑에서 마담 베리를 보고 매우 깜짝 놀라 다음과 같이 적었다.

문을 열고 들어가자마자 아름다운 한 여성이 내 시선을 사로잡았다. 그녀는 가장 우아한 옷을 입고 있었고 의자에 기대어 앉아 있었다. 그녀 주위에는 웨이터들이 그녀의 주문을 받거나 레스토랑의 상황을 보고하느라 바빴다.

전해지는 바에 따르면 인기 높은 팔레 루아얄 건물에 레스토랑을 내기 위해서 마담 베리는 당시 내무부 장관에게 "나와 함께 저녁식사를 하면 술은 내가 가져오겠다"라고 약속했다고 한다.

마담 베리의 또 다른 유명한 일화에 따르면 어느 날 프러시아 장군이 나폴레옹과의 전쟁에서 승리를 거둔 뒤 "그 어떤 프랑스인도 입을 대지 않은" 잔에 커피를 내오라고 주문했다. 마담 베리는 요강에 커피를 담아냈다고 한다.

● 1818년 ●

마늘에 충격받은 셸리

12월 22일 나폴리에서 쓴 영국인 시인 퍼시 셸리의 글을 보면 이탈리아에 대한 혼란스러운 감정이 잘 나타난다.

> 마치 두 개의 이탈리아가 있는 것 같다. 한 이탈리아는 숭고하고 사랑스러워 모든 남성의 상상 속에나 존재하는 곳이고, 또 다른 이탈리아는 천박하고 역겹고 혐오스럽기 그지없다. 어떻게 생각하는가? 이곳에서는 귀족 아가씨들이 마늘을 먹는다!

100여 년 뒤 셸리의 동료인 힐레어 벨록 역시 이탈리아 요리에 대한 반감을 다음과 같이 드러냈다.

> 여행객들에 따르면 이탈리아에서는 역겨운 염소고기가 식사로 나오는데 이는 심지어 역겨운 산패유로 요리를 했다

고 한다.

● 1819년 ●
적포도주에 관하여

영국의 시인 존 키츠는 남동생 조지와 그의 아내 조지나에게 쓴 2월 18일에 편지에서 다음과 같이 전했다.

나는 적포도주를 좋아해. 적포도주는 입 안을 산뜻한 맛으로 가득 채우고 간에도 무리가 가지 않아. 오히려 평화를 가져다주지. 또한 여왕벌같이 엄청난 향을 갖고 있어. 그리고 적포도주가 우리의 뇌에 아주 황홀한 방법으로 접근해. 온 건물을 뒤지며 자기의 창부를 찾는 불량배가 아니라 마치 성을 살금살금 걸어 다니는 알라딘처럼 온화하게 우리의 뇌에 온단다.

● 1820년 ●
친밀한 관계

11월 20일 고래잡이 배인 에섹스 호가 향유고래와 부딪혀 침몰했다. 이 사건은 이후 허먼 멜빌의 모비딕에도 영감을 주었다. 에섹스 호의 선원 21명 중 오직 8명만이 생존했다. 수년 후 생존자 중 1명이었던 조지 폴라드 선장에게 유가족이 다가와 그의 가족을 기억하느냐고 묻자 폴라드 선장은 "그럼요, 제 뱃속에 있는걸요"라고 대답했다고 한다.

● 1823년 ●

라드에 관하여

시골의 소박한 가치를 중시 여긴 윌리엄 코베트는 영국인들이 돼지 라드를 더 이상 좋아하지 않는다며 다음과 같이 개탄했다.

> 시골 아이들이 빵 위에 달콤한 라드를 발라먹는 것을 싫어한다면 가정교육을 잘못 받았다고 할 수 있다. 나는 라드 바른 빵을 평생 먹어왔고 그렇다고 해서 내가 가난한 것은 아니었다. 나는 라드 바른 빵을 프랑스와 플랜더르에서도 대접받았다. 버터 대신에 라드를 먹는 게 도대체 뭐가 어렵단 말인가? 그러나 오늘날에 많은 사람, 특히나 여자들은 입맛과 취향이 바뀌어서 맛이 좋은 것만 먹으려 든다. 그래서 결국 4명 중 1명은 배가 나오게 됐다.

● 1825년 ●

브리아 샤바랭의 외모 정의

프랑스의 미식가 브리아 샤바랭은 《미식의 생리학》을 저술했는데 "네가 무엇을 먹는지를 보면 네가 어떤 사람인지 알 수 있다"거나 "인간에게 있어 새로운 요리를 발견하는 것은 새로운 행성을 발견하는 것보다 더 즐거운 일이다" 등의 명언을 남겼다. 그는 미식가와 미식가가 아닌 사람을 다음과 같이 구분했다.

> 미식가의 경우 대부분 보통의 키에 얼굴이 넓고 눈이 반짝인다. 좁은 이마, 작은 코, 도톰한 입술과 동그란 턱을 가진 경우가 많으며 여성의 경우 통통한 체형에 아름답다기보다는 귀여운 편에 가깝다.

> 이와는 반대로 음식을 먹는 즐거움을 모르는 자는 얼굴과 코, 눈이 길고 뭔가 축 처지고 늘어진 느낌의 이목구비를 지니고 있다. 머리색은 어둡고 보통 머릿결이 좋지 않다.

젊음의 묘약

브리아 샤바랭은 또한 좋은 음식이 우리에게 어떠한 영향을 미치는지에 대해 다음과 같이 적었다.

> 여러 관찰을 통해 본 결과 좋은 음식은 노화를 지연시키고 동안을 유지할 수 있게 도와준다. 좋은 음식은 눈에 총기를

불어 넣고 피부를 생기 있게 유지시킬 뿐만 아니라 근육을 강화시킨다. 생리학에서는 근육이 약해짐에 따라 아름다움의 적인 주름, 처진 살 등이 생긴다고 한다. 그렇기 때문에 무슨 음식을 먹어야 하는지 잘 아는 사람은 그렇지 않은 사람에 비해 10살은 더 젊게 살 수 있는 것이다.

송로버섯의 효능

브리아 샤바랭은 《미식의 생리학》에서 "송로버섯이라는 단어 자체만으로도 남녀 모두의 성적 욕망이 자극될 수 있다"고 기록했다.

실제로 프랑스에는 "덕의 길을 걷고자 하는 이는 송로버섯을 멀리해야 한다"라는 속담이 있다. 이는 아마도 송로버섯이 안드로스테논이라는 호르몬 성분을 갖고 있기 때문일 것이다. 이 호르몬을 희석해 남녀에게 뿌리면 모두 성적으로 흥분한다는 연구 결과도 상당하다. 안드로스테논은 남성의 겨드랑이와 돼지의 침에서도 발견할 수 있다. 흥미로운 사실은 사람들은 최고급 화이트 송로버섯 1킬로그램을 사기 위해 1,500파운드나 되는 돈을 기꺼이 내겠지만, 그 누구도 남자의 암내나 돼지 침을 그 돈 주고는 사지 않을 것이란 점이다.

보르도와 버건디와인

한 여자가 브리아 샤바랭에게 보르도와 버건디의 와인 중 어느 와인이 더 좋은지 묻자 그는 "저 또한 그 질문에 대한 답을 찾기 위해 즐거운 여정을 하고 있답니다"라고 대답했다. 샤바랭의 이야기에 따르면 와인을 너무나 사랑한 자에게 후식으로 포도를 주자 "감사하지만 와인을 이렇게 알약으로 먹는 데는 익숙하지가 않네요"라며 거절했다고 한다.

● 1826년 ●
양머리 요리에 대한 사랑

월터 스콧 경은 스코틀랜드의 요리를 매우 사랑해 "전 세계의 모든 프랑스 음식과 샴페인을 포기하고 양머리 요리와 위스키 토디를 택하겠다"는 말을 남겼다. 양머리 요리는 오래전부터 스코틀랜드에서는 진미로 여겨졌는데 프란시스 셈필이나 로퍼트 퍼거슨과 같은 시인들도 이 요리를 매우 좋아했다고 한다.

양머리 요리는 스코틀랜드뿐만 아니라 피렌체에서도 사랑받는 요리였는데, 피렌체에는 양머리 전문 정육점 주인을 일컫는 단어가 따로 있을 정도였다고 한다.

― *Recipe* ―

스코틀랜드의 하기스

1826년에 에딘버러의 작가 이사벨 존스톤은 월터 스콧 경의 소설에 나오는 등장인물의 이름인 '멕 도즈'에서 따온 '마가렛 도즈'란 이름으로 《요리사와 가정주부를 위한 지침서》를 출판했다. 그녀는 저서에서 생선을 요리하기 전 2~3일 정도 삭힌 뒤에 하는 것이 좋다고 권고했다. 그런데 이는 아마 아우터헤브리스 제도의 루이스 섬 주민들이 손질하지 않은 홍어를 일주일간 삭힌 뒤 요리를 해 먹는 데서 유래한 것 같다. 《요리사와 가정주부를 위한 지침서》는 19세기 가장 인기 있는 스코틀랜드 요리책이 되었으며 특히 다음의 하기스 레시피가 큰 주목을 받았다.

1. 양의 심장, 간, 폐 이외의 내장을 깨끗이 씻는다.
2. 간과 심장에 칼집을 내 피를 빼낸 뒤 물에 살짝 끓인다. 폐에서 피와 여러 찌꺼기가 다 나올 수 있도록 하고 몇 분 뒤 깨끗한 물로 갈아준다.
3. 30분 정도 끓인 뒤 간은 반으로 자른 뒤 하나는 으깨질 정도로 푹 삶고 나머지 반은 심장, 폐와 함께 꺼내 검은 부분은 모두 떼어내어 다듬은 뒤 함께 다진다.
4. 소기름과 양파 4개를 다지고 푹 삶아둔 간도 다진다. 작은 양파 12개의 껍질을 벗긴 뒤 뜨거운 물에 데친 뒤 다진다.

5. 다져놓은 모든 재료를 도마 위에 올린 뒤 소금, 후추, 붉은 고추로 간을 한다.
6. 하기스를 담을 위(胃)를 깨끗이 씻은 뒤 속을 채워도 터지지 않는지를 꼼꼼히 확인한다. 경우에 따라 위를 두 겹으로 사용할 수도 있다.
7. 다진 재료와 그레이비소스(또는 진한 고기 육수)를 붓는데 너무 가득 채우지 않도록 주의한다. 레몬즙이나 식초를 약간 넣고 공기를 빼낸 뒤 위를 꿰맨 후 삶는다. 냄비에 넣을 때는 큰 바늘로 고정을 시켜 하기스가 터지지 않도록 한다. 크기가 큰 경우 약 3시간 정도 삶는다.

∞ ∞ ∞

● 1830년 ●
새로운 식량

존 허셜은 《자연 철학 연구에 관한 예비 고찰》에서 다음과 같이 새로운 식량이 기근을 해결할 수 있다고 적었다.

> 예를 들어 톱밥이 빵을 대신할 수 있다고 생각한 사람이 있을까? 물론 밀로 만든 빵에 의해 맛은 덜하겠지만 톱밥으로도 충분히 영양가 있고 소화가 가능한 빵을 만들 수 있지 않을까?

아마도 허셜은 지구상에서 톱밥을 소화할 수 있는 건 오직 흰개미뿐이라는 사실을 간과했던 것 같다.

● 1832년 ●

자허 토르테에 관하여

오스트리아의 정치가인 메트리니히는 어느 날 중요한 손님을 위해 특별한 디저트를 만들어 달라고 요청했다. 수석 셰프가 몸이 아파 자리를 비운 탓에 메트리니히는 16살 밖에 안 된 수련생인 프란츠 자허가 디저트를 만들 것을 명했고 "오늘밤 나를 창피하게 만들어서는 안 된다!"고 엄포를 놓았다. 자허는 있는 재료를 사용해 초콜릿 스폰지 케이크를 만든 뒤 살구잼을 각 층과 윗면, 아랫면에 바른다. 그리고 다시 초콜릿을 입혀 생크림과 함께 내놓아 큰 호평을 받았는데, 이것이 바로 '자허 토르테'이다. 이후 자허의 장남인 에드워드는 자허의 레시피를 보다 발전시켜 오늘날의 자허 토르테에 가장 가까운 케이크를 만들었다.

— *Recipe* —

오믈렛의 탄생

1835년 카를로스 전쟁 중 반란군이 빌바오를 포위했다. 어느 날 반란군 장군은 농가를 지나다가 농부의 아내에게 먹을 것을 만들어

달라고 청했다. 당시 농부의 아내는 달걀, 감자, 양파 외에는 가진 것이 없었는데 이를 이용해 오늘날의 오믈렛을 만들었다.

1. 감자를 굵게 채 썰고 양파는 다져 놓는다.
2. 팬에 올리브 오일을 두른 뒤 감자와 양파가 부드러워질 때까지 볶고 기름은 따라낸다.
3. 달걀과 볶은 양파와 감자와 함께 섞고 간을 한다.
4. 따라 놓은 올리브유를 다른 팬에 두른다. 간을 한 달걀, 볶은 양파와 감자를 모두 부은 뒤 주걱을 사용해 쿠션 모양으로 만든다.
5. 한쪽 면이 다 익으면 접시에 담은 뒤 다시 반대편이 팬 아래로 가게 올려 양면을 잘 익힌다.

이 요리를 먹고 매우 흡족해 한 장군은 취사병들에게 '또띠아 데 파타타스(오늘날의 스패니시 오믈렛)'을 군사들의 식사 메뉴에 포함시키라고 명했다. 하지만 이는 어디까지나 전해지는 이야기일 뿐이며, 실제로 이 요리의 레시피가 발견된 때는 빌바오가 포위되기 몇십 년 전이었다고 한다.

∽ ∽ ∽

● 1837년 ●

버즈 커스타드의 탄생

버밍험의 약사인 알프레드 버드는 커스타드를 너무나 좋아했지만 그의 아내는 달걀 알레르기가 있었다. 그래서 그는 옥수수 가루를 이용해 달걀을 사용하지 않는 커스타드를 만들었고, 영국에서 가장 유명한 브랜드 중 하나인 '버즈 커스타드 파우더'를 발명했다. 또 이스트 알레르기가 있는 아내를 위해 버즈는 베이킹 파우더를 개발하기도 했다.

● 1838년 ●

우스터소스의 탄생

영국 우스터의 식료품상이자 화학자인 리와 페린스가 1838년에 첫 우스터소스를 개발했다. 1830년 초 한 인도인이 찾아와 가장 좋아하는 인도의 소스라며 리와 페린스에게 만들어달라고 부탁했다. 리와 페린스가 만든 소스는 너무나 매워서 눈물이 날 정도였는데, 이를 주문한 인도인은 매우 만족스러워했다. 소스를 너무 많이 만들어 몇 배럴이 그대로 창고에 남아 있었는데 몇 년 뒤 우연히 이를 맛보자 놀랍게도 소스가 더 맛있어졌다고 한다. 이들이 만든 소스는 큰 성공을 거두었고 심지어 인도에까지 수출되었다.

• 1839년 •
애프터눈 티

프랭크 러셀 백작은 아버지의 자리를 물려받아 베드포드의 공작이 되었고, 그의 아내인 안나 마리아는 오늘날 가장 영국적이라고 여겨지는 '애프터눈 티'를 처음으로 도입했다. 당시 아침식사와 저녁식사 사이 시간이 너무 길어 17세기에는 오늘날의 점심식사를 뜻하는 '런천'이 생기기도 했다. 그러나 19세기 초가 되자 저녁식사는 7시 이후로 늦춰졌고 어떤 경우에는 8시가 넘기도 했다. 이에 따라 공작부인들은 늦은 오후가 되면 배가 고파 '가슴이 철렁 내려앉는 기분'이 든다고 불평했다. 이를 해결하기 위해 안나 마리아 공작부인은 5시가 되면 케이크와 함께 차를 내오도록 했다고 한다.

애프터눈 티는 영국에서 큰 인기를 끌고 19세기 후반에는 파리의 상류사회에서도 사랑을 받았다. 그러나 1898년 파리 리츠 호텔과 런던 칼튼 호텔에서 일하며 세계적인 명성을 얻은 프랑스 셰프 오귀스트 에스코피에는 "잼, 케이크, 패스추리 등을 먹은 뒤 1~2시간 안에 어떻게 저녁을 즐기겠는가? 그 누구도 요리와 와인을 제대로 즐길 수 없을 것이다"라고 불평했다고 한다.

● 1840년경 ●

테이블보에는 코를 풀지 말 것

한 미상의 작가가 쓴 식사 예절에 관한 책에는 "여성들은 테이블보에 입을 닦을 수는 있으나 코를 풀어서는 안 된다"고 적혀 있다.

보 브럼멜과 채소

채소를 먹지 않는 것으로 유명한 영국의 멋쟁이 보 브럼멜이 1840년에 사망했다. 어느 날 그의 친구가 평생 채소를 한번도 먹은 적이 없는지 묻자 그는 "한번 완두콩 한 알을 먹은 적은 있다"고 대답했다고 한다. 이후 보 브럼멜이 결혼을 하려던 여자와 헤어진 이유를 묻자 그는 "내가 할 수 있는 일이 아무것도 없었어. 그 여자는 양배추를 먹는단 말야!"라고 불평했다고 한다.

커피 과다 섭취

코네티컷의 한 묘비명에는 다음과 같은 글귀가 적혀 있다.

부제 아모스 슈트의 아내 애니 도미니가 여기에 잠들다.
(커피 과다 섭취로 1840년 사망)

봄베이 덕

뭄바이에 있던 영국인들은 '봄베이 덕(물천구)'이라는 생선 요리를 즐겨 먹었다. 이 요리는 아위를 이용해 간을 한 뒤 햇볕에서 건조시킨 후 바삭하게 구워 다른 요리에 고명으로 곁들여 먹었다. 이 물고기가 '봄베이 덕'이란 이름을 갖게 된 이유는 마치 오리처럼 해수면 가까이에서 헤엄을 치기 때문이다.

● 1842년 ●
디너파티의 적정한 손님 수

《영국의 푸른 종》에서 패니 트롤롭은 디너파티에는 3명 이상, 9명 이하의 손님을 초대해야 한다고 주장했다. 이로부터 100년 뒤 부유한 기업가인 누바 굴벤키안에게 가장 이상적인 디너파티의 손님 수를 묻자 그는 "두 명이지. 나와 내 시중을 들 웨이터면 충분해"라고 대답했다.

● 1843년 ●
영국의 음식 3.
무미건조하고 퀴퀴하며 이익이 될 게 하나도 없는 음식

R. S. 서티스는 다음과 같이 그의 저서에서 영국의 음식을 정의했다.

음식점을 가든 찻집을 가든 어디서든 끔찍한 냄새가 사람들을 반긴다. 양배추, 절인 연어, 삶은 소고기, 톱밥, 앤초비 등을 이용한 영국의 요리는 무미건조하고 퀴퀴한 냄새가 나며 이익이 될 게 하나도 없다.

● 1845년 ●

앨리자 액턴

앨리자 액턴은 《근대 요리법》에서 다음과 같이 말했다.

완전히 익지 않은 야채는 소화가 되지 않아 건강에 좋지 않다. 따라서 건강을 중요하게 여긴다면 덜 익혀 나온 야채는 모두 버려야 한다.

— *Recipe* —

액턴의 푸딩

다음은 엘리자 액턴의 요리책에 나오는 '건강하고 가벼운' 푸딩 레시피이다.

1. 팔팔 끓는 우유 반 파인트를 빵가루 4온스에 부은 뒤 식힌다.
2. 빵가루 4온스, 잘 다진 쇠간 4온스, 소금 한 꼬집, 으깬 라타피아 비스킷, 설탕에 절인 시트론과 오렌지 껍질 3온스, 잘게

간 레몬 껍질 1개를 넣고 섞는다.
3. 달걀 4개를 휘저은 뒤 파우더 설탕 4온스를 천천히 넣으며 완전히 녹을 때까지 잘 저어준 후 다른 재료와 섞는다.
4. 버터를 바른 틀에 유산지와 밀가루가 충분히 묻어 있는 푸딩 보를 깔고 모든 재료를 넣은 뒤 동그랗게 모양을 잡아 잘 고정시키고 최대 2시간 동안 삶는다.
5. 접시에 담기 전 1~2분 정도 휴지시킨 뒤 와인 소스나 파인애플 소스와 곁들여낸다.

노퍽 커리

아일랜드인의 농부들이 감자 기근으로 고통 받던 시기 노퍽 공작은 "배고프면 뜨거운 물에 커리 가루를 타서 마시면 된다"라고 말해 큰 반발을 샀다. 런던 비프스테이크 클럽의 한 회원은 다음과 같이 〈타임스〉에 기고했다.

"공작님, 공작님께서 기근으로 고생하는 가난한 이들을 생각하시는 마음을 잘 압니다. 다음과 같이 이에 도움이 될 만한 간단한 레시피를 보내드립니다."

::: **노퍽 커리 요리** :::

멍청한 정도에 관계없이 살이 통통하게 찐 공작을 잡아 후추와 여러 향신료를 넣고 뭉근히 끓인다. 이 요리는 농부들이 모이는 날 내어놓으면 좋은데 누구나 달려들어 이 요리를 자르려고 할 것이다. 이 요리는 몸을 따뜻하게 해주는 요리로 만약 맛이 별로라면 밀크 펀치(역자 주 : 독한 술에 우유를 탄 칵테일) 한두 잔을 마시고 먹으면 됩니다.

한나 글라세 드림

* 흥미롭게도 1741년에 출판된 한나 글라세의 《쉽고 간단한 요리법》은 커리 레시피를 담은 최초의 영국 요리책이었다.

이후 〈펀치〉 매거진은 공작의 말을 인용한 패러디 브로셔를 만들었는데 이 브로셔의 제목은 바로 '커리 가루로 생존하는 법'이었다.

1. 냄비를 준비한다(냄비가 없다면 이웃에서 빌린다).
2. 1갤런의 생수를 끓인다.
3. 담배갑에 잘 보관한 커리 가루를 한 꼬집 뜨거운 물에 넣은 뒤 굶주린 아이들에게 준다.

∽ ∽ ∽

● 1847년 ●

링 도넛의 탄생

오늘날의 링 도넛을 처음 만든 것은 미국 상선에서 일하던 15살 제빵 견습생 한센 그레고리라고 한다. 링 모양이 아닌 원형 모양의 도넛은 몇 십 년 전부터 이미 존재했었다. 실제로 워싱턴 어빙은 그의 1809년 저서 《뉴욕의 역사》에서 "설탕을 넣은 반죽을 동그랗게 만든 뒤 돼지기름에 튀기는데 이를 '도넛'이라고 한다"고 기록했다. 어느 날 그레고리는 도넛의 가운데가 잘 익지 않자 원통 모양의 후추통을 이용해서 가운데 부분을 눌러 분리해 링 모양의 도넛을 만들었다. 이 이야기의 사실 여부는 불분명하지만 1939년 뉴욕의 세계 박람회에서는 그레고리의 업적을 기리기 위해 90미터가 넘는 동상이 제작되었다. 이는 20여 미터 밖에서도 보일 정도로 컸다고 한다.

프랑스 음식 2. 개구리와 낡은 장갑

R. H. 바햄의 시 〈부랑자의 개〉는 당시 영국인들이 프랑스 음식을 어떻게 생각했는지를 잘 보여준다.

라구 냄비가 펄펄 끓는다.
프랑스인들이 자주 먹는 라구는
물론 허기를 채우는 데는 좋으나
과연 이들이 냄비 안에 뭘 넣는지 도통 알 수가 없네.
황소 개구리, 낡은 장갑, 심지어 낡은 가발까지 넣는다 해도
그 누가 알겠는가.

바햄이 탐탁지 않게 여긴 또 다른 프랑스 요리는 오이 요리였다.

신부님,
제 마음이 답답한 것은
그녀의 차가움 때문이 아니에요.
이건 바로 제가 방금 먹은
망할 오이 때문이에요.
-〈고해성사〉 중에서

오스트리아의 야채 요리

프리드리히 엥겔스는 파리의 친구 집에서 머무는 동안 칼 마르크스에게 다음과 같은 편지를 썼다.

오스트리아의 채소 요리는 마치 한 번도 세탁한 적이 없는 깃털 이불 5,000개와 셀 수 없을 정도로 많은 방귀를 합친 것과 같은 냄새가 난다네.

레베카 샤프와 칠리

영국의 소설가 윌리엄 새커리의 《허영의 시장》에는 야심 찬 아가씨인 레베카 샤프가 동인도회사의 대부호인 조제프

세들리에게 접근해 그의 부모와 함께 저녁을 먹는 장면이 나온다. 이 장면에서는 레베카가 처음으로 영국과 인도의 퓨전 음식을 먹는 모습이 묘사된다.

"샤프 양, 커리를 좀 먹어 보겠어요?" 세들리 씨가 웃으며 말했다.
레베카는 커리를 먹어본 적이 없었다.
"오! 정말 맛있는걸요." 카이엔 후추의 매운 맛을 간신히 참고 레베카가 말했다.
"칠리도 좀 먹어봐요." 조제프가 흥미롭다는 듯이 그녀를 쳐다보며 말했다.
"아, 칠리요. 좋아요!" 레베카는 칠리가 이름처럼 차가운 요리라고 생각했다(역자 주: 영어로 '칠리'는 '쌀쌀한'이란 뜻).
"정말 신선해 보이는데요"라고 말하며 레베카는 초록색 칠리 하나를 입에 넣었다. 칠리는 커리와는 비교가 안 되게 매웠다. 몸과 마음에 한계가 온 그녀는 포크를 내려놓고, "물! 제발 물 좀 주세요!"라고 외쳤다.
짓궂은 새들리 씨는 웃음을 멈추지 못하며, "이게 바로 정통 인도 요리랍니다"라고 말한 뒤 물을 가져오라고 하인을 불렀다.

새커리는 인도 태생으로 정통 인도의 맛에 대해 잘 알고 있었다. 그는 심지어 커리를 '황제들의 요리'라 칭한 시를 쓰기도 했다.

● 1848년 ●

황제의 살구 만두 사랑

오스트리아의 황제 페르디난트 1세는 정신장애를 앓고 있던 무능력한 황제였다. 전해지는 바에 따르면 페르디난트 1세는 사르디냐의 공주인 마리아 안나와의 첫날 밤에 다섯 번이나 발작을 일으켜 결국 포기하고 잠을 잤다고 한다. 또 그가 가장 좋아하는 놀이는 쓰레기통을 빙글빙글 돌며 손으로 파리를 잡는 것이었다고 한다. 하루는 궁정 요리사가 살구철이 아니라 살구 만두를 만들 수 없다고 하자 페르디난트 1세는 크게 분노하며 "나는 이 나라의 황제로 지금 당장 살구 만두를 먹고 싶다!"라고 외쳤다고 한다.

● 1850년경 ●

커피와 사향고양이

네덜란드는 네덜란드령의 동인도 제도에서 커피 농장 농부가 커피 열매를 먹는 것을 법으로 금지했다. 법을 피해갈 방법을 찾던 농부들은 사향고양이가 커피 열매의 껍질을 먹고 소화되지 않은 커피 열매를 배설한다는 사실을 발견했다. 이들은 사향고양이의 배설물에서 커피 열매를 모아 깨끗이 씻고 로스팅을 한 뒤 갈아서 커피를 만들었는데, 이것이 바로 명성 높은 '루왁 커피'의 시작이었다. 루왁 커피는 사향고양이의 위에서 발생한 효모작용으로 인해 향이 좋으며 다른 커피에 비해 쓴 맛도 덜하다. 루왁 커피의 명성은 곧 커피 농장 주인들에게까지 퍼졌고 오늘날에는 파운드당 600달러에 달하는 최고급 커피가 되었다.

왕의 관심사

어느 날 아우드 왕국의 마지막 통치자인 나와브(역자 주 : 아우드 왕의 칭호) 알리 샤는 고기 코르마 요리를 매운 야채 요리인 무라바로 속여 델리의 미르자 아스만 왕자에게 먹여 골탕 먹였다. 이후 아스만 왕자는 알리 샤를 초대한 후 밥, 커리, 케밥부터 피클까지 모든 요리를 설탕으로만 만들어서 복수를 했다고 한다.

아우드의 왕들은 음식에 대한 남다른 사랑으로 잘 알려져 있다. 1770년대의 나와브인 슈자우드 다울라는 빈민 구제에 쓰는 돈의 4배나 되는 돈을 먹는 데 사용했다고 한다. 나와브 다울라의 만찬에는 쌀 모양으로 조각한 아몬드나 렌틸 모양으로 조각된 피스타치오 등의 진귀한 요리들이 나왔다. 그 뒤를 이은 나와브 아사프 우드 다울라는 치아를 다 잃은 뒤에도 너무 많이 먹어 말을 탈 수 없을 만큼 살이 찌기도 했다. 전해지는 이야기에 따르면 나와브의 식욕을 충족시키기 위해 그의 궁중 요리사는 잘게 다져 씹을 필요가 없는 샤미 케밥을 만들었다고 한다.

영국인들은 이를 매우 못마땅하게 여겼는데 1855년 윌리엄 나이튼은 《동방의 왕의 사생활》에서 나와브 와지드 알리에 관해 다음과 같이 기록했다.

> 그의 관심사는 오직 만족을 충족시키는 것이다. 왕으로서의 책임이나 의무는 고사하고 백성의 일에도 관심이 없다. 그의 주위에는 악대, 환관, 여자들뿐이다. 그는 평생을 이렇게 살아왔고 앞으로도 아마 이렇게 살 것이다.

이후 1856년 나와브는 왕위를 박탈당하고 아우드는 영국의 손에 넘어가게 된다.

— *Recipe* —

호주식 만찬

G. C. 먼디는 1852년 저서 《호주와 뉴질랜드》에서 다음과 같이 시드니에서 열렸던 저녁 만찬에서 나온 요리를 기록했다.

왈라비(역자 주: 작은 캥거루같이 생긴 호주 동물) 꼬리 수프, 굴소스를 곁들인 참돔 요리, 윙가 비둘기 날개 요리, 플랜테인(역자 주: 바나나와 비슷한 열매로 요리해서 먹음) 비파, 구아바, 체리모야, 귤, 석류를 사용한 디저트

먼디는 "이 모든 요리는 더 이상 내가 영국에 있지 않다는 사실을 상기시켜줬다"라고 덧붙였다.

∽ ∽ ∽

● 1853년 ●

최고의 요리가 된 복수의 요리

조지 크럼은 뉴욕주의 사라토가 스프링 지역에 있는 문 레이크 로지 리조트의 주방장이었다. 어느 날 감자튀김이 너무 두껍다는 불평을 들은 크럼은 화가 나서 감자를 아주 얇게 자른 뒤 퍽퍽해질 정도로 오래 튀겨냈다. 그는 자신의 요리를 불평한 사람들을 골탕 먹이기 위해 이 요리를 만들었지만 이

는 의외로 큰 사랑을 받았고, 이렇게 오늘날의 감자튀김이 탄생했다. 이는 잘 알려진 감자튀김의 탄생 비화이지만 실제로 감자칩 레시피는 이미 이전에 존재했다고 한다.

에스키모인들의 고기 먹는 법

미 해군의 군의관이었던 엘리샤 케인은 북서항로를 찾다 북극에서 실종된 존 프랭클린 경을 찾기 위한 항해에 나섰다. 당시 케인과 동료들은 그 어떤 탐험가보다도 북극 깊은 곳까지 항해했는데 이글루에서 이누이트족과 지내기도 했다. 이후 케인은 《북극 탐험》에서 다음과 같이 이누이트족이 고기를 먹는 법을 기록했다.

이들은 고기를 길게 자른 뒤 입에 넣고 삼킬 수 있을 만큼 목구멍으로 고기를 밀어 넣는다. 이로 고기를 끊은 뒤 다시 또 남은 고기를 목구멍으로 마구 집어 넣는다. 내 친구들과 나는 이 방법으로 고기를 먹으려고 시도하다 실패했지만 이곳에서는 갓난아기들도 이러한 방법으로 고기를 먹는다.

북극곰의 간

북극에 있는 동안 케인은 북극곰의 간은 독성이 있으니 조심하라는 이누이트족의 경고를 무시했다. 그러나 이후

1853년 10월 8일의 일기에는 다음과 같은 글을 볼 수 있다.

어제 저녁으로 새끼 북극곰을 먹은 이후 현기증, 설사 등 식중독과 같은 증상이 나타나고 있다.

북극곰 간이 독성을 지니는 이유는 비타민A 함량이 지나치게 높기 때문이다. 30~90그램 정도의 북극곰 간을 한번에 먹으면 심한 경우 목숨을 잃을 수도 있을 정도로 치명적이다.

— *Recipe* —
네셀로드 푸딩
1856년 크림전쟁의 종결을 위해 파리조약을 서명하러온 러시아의 외무대신 칼 네셀로드는 새로운 디저트를 맛보게 되었다. 이는 그의 프랑스인 요리사가 개발한 것으로, 네셀로드를 묘사할 수 있는 재료를 넣고 푸딩을 만든 뒤 그의 이름을 따 이를 '네셀로드 푸딩'이라 불렀다. 네셀로드 푸딩에는 베스탈렌 출신인 그를 상징하기 위한 밤, 그의 출생지인 리스본을 상징하는 건포도, 터키인에 대한 그의 원한을 보여주는 그리스 건포도가 들어갔으며 얼려서 차게 먹는다.

이 요리에 대한 레시피는 1874년 프랑스인 셰프 줄르 구피의 저서에서 찾아볼 수 있다.

1. 이탈리아산 밤 40알의 껍질을 깐 뒤 끓는 물에 살짝 데친다. 냄비에 옮겨 담은 뒤 시럽과 바닐라 스틱을 넣고 뭉근하게 끓인다.
2. 밤이 다 삶아지면 시럽을 따라낸 뒤 체에 문질러 퓨레를 만든다.
3. 냄비에 달걀 노른자 8개, 설탕, 크림을 넣고 약한 불에서 저어준다. 달걀이 약간 굳기 시작하면 미리 만들어둔 밤 퓨레와 마라스키노주(역자 주 : 야생 버찌로 만든 술)를 넣고 잘 섞어준 뒤 면보에 넣고 짜둔다. 그리고 냄비를 얼려둔다.
4. 건포도와 커런트(역자 주 : 씨 없는 알이 작은 건포도류 열매)를 각각 시럽에 삶은 뒤 시럽은 따라 버린다.
5. 얼려둔 냄비에 만들어 놓은 밤 크림을 서서히 부으며 저어준다. 밤 크림이 살짝 얼면 생크림을 넣어 생크림이 얼 때까지 저어준다. 시럽에 졸인 열매를 넣는다.
6. 돔 모양으로 만든 얼음에 담아 소스와 곁들여낸다.

::: 네서로드 푸딩 소스 :::

달걀 노른자 4개와 설탕, 크림을 넣고 서서히 약불에서 저어준다. 달걀이 굳기 시작하면 불을 끈 뒤 3분간 더 저어준다. 면보에 따른 뒤 마라스키노주를 넣고 얼음이 들어 있는 팬에 옮겨 담아 차갑게 낸다.

∾ ∾ ∾

● 1855년 ●
차콜 비스킷

제임스 버드는 그의 저서에서 아이들에게 숯을 먹이기 위한 가장 좋은 방법으로 차콜 비스킷을 추천했다. 차콜 비스킷은 19세기 초 복부 팽만증을 치료하기 위해 처음 만들어졌는데 밀가루, 버터, 설탕, 달걀, 숯이 들어간다. 이 비스킷은 20세기까지도 큰 사랑을 받았다.

● 1857년 ●
핑크 레모네이드

미국의 피트 코클린은 핑크 레모네이드라는 기발한 음료를 만들었다. 이 음료의 재료는 바로 빨간 바지를 담가둔 물이었다고 한다.

● 1859년 ●

인어를 먹는 것에 관하여

피터 시몬드는 《신기한 음식들》이란 책에서 많은 선원이 인어로 착각했던 바다소가 서인도 제도에 사랑받는 요리 재료라고 기록했다. 그는 바다소가 "흰 살에 돼지고기 맛이 난다"라고 높이 평가했으나, 바다소를 너무 사람과 같이 여긴 것 같다. 그는 "바다소는 여자처럼 가슴이 있고 인간의 손을 갖고 있다. 이를 먹는다는 것은 정말 야만적이고 끔찍한 일이다"라고 덧붙였다.

쥐 요리

시몬드는 또한 캘리포니아로 이민 온 중국인들이 쥐 요리를 진미로 여긴다고 다음과 같이 기록했다.

중국에서 쥐 수프는 소꼬리 수프만큼이나 진귀하게 여겨지나 이곳에서는 최고급 쥐 12마리도 2달러밖에 값이 나가지 않는다. 캘리포니아에는 쥐가 많기 때문에 중국인들은 저렴한 값에 황제의 요리를 즐길 수 있다. 들은 바에 따르면 로마의 나이팅게일이나 공작새의 혀 요리보다 더 고급스러운 방법으로 쥐의 뇌를 요리하는 데 양파와 장뇌 등의 향신료를 이용한 소스를 사용한다고 한다.

● 1860년 ●
타비타 티클투스의 조언

영국의 타비타 티클투스는 저서 《잘 먹는 법》에서 녹색 채소를 탄산수소염으로 요리하는 전통을 단호히 비판했다.

> 모든 맛을 파괴하고 싶거든 탄산수소염을 사용해서 완두콩을 요리하면 된다. 애석하게도 많은 사람이 이렇게 말도 안 되는 잔혹한 방법으로 채소를 요리한다.

녹색 채소를 요리할 때 탄산수소염을 넣는 것은 로마 시대부터 시작된 것으로 영국과 북미 지역에서 채소를 더 푸르게 하기 위해 사용한 방법이다. 하지만 이는 채소를 흐물흐물하게 만들고 비타민B_1과 C를 파괴한다.

사실 타비타 티클투스는 빅토리아 시대 배우인 찰스 셀비의 무대 이름이었다. 그는 그의 책에서 '기본에 충실하라' 등 음식을 잘 먹는 법에 대한 여러 가지 유익한 충고를 했다. 또한 지나치게 음식 장식에 신경을 쓰지 말라고 다음과 같이 당부했다.

> 고(古) 두들리 영주는 "맛있는 수프, 작은 넙치 한 마리, 사슴

의 목, 살구 타르트면 황제의 식사로 충분하다"라는 명언을 남긴 바 있다. 이 원칙에 따라 음식의 장식보다는 재료의 질과 요리 방법에 더 신경을 써야 할 것이다.

동물 섭취학 연구

런던의 한 학회에서는 외래종이 영국에서 식량으로 사육되기에 적합한지를 알아보기 위해 갯민숭이, 캥거루, 봉관조 등의 이국적인 재료로 요리를 해 저녁 만찬을 열었다. 주최자는 박물학자이자 동물 섭취학 실험가 프랭크 버클랜드로 그는 어린 시절 아버지를 통해 다람쥐 파이, 말 혀, 타조 등의 별난 음식을 많이 접했다. 그의 아버지는 윌리엄 버클랜드로 옥스퍼드대학교의 저명한 교수였으며, 한때 루이 14세의 심장을 먹어본 적이 있다고 주장한 사람이다.

프랭크 버클랜드 또한 옥스퍼드대학교의 교수였으며 기이한 식재료에 관심이 많았다. 검은 표범을 먹은 뒤 "맛이 별로 좋지 않았다"고 기록했으며, 코뿔소(질긴 소고기 맛), 돌고래(석쇠에 구운 양초심지 맛), 코끼리 코(고무 맛), 기린(사슴과 비슷한 맛) 등으로 요리를 시도했다. 프랭크 버클랜드의 기록에 따르면 두더지가 청파리보다 더 맛이 끔찍하다고 한다.

영국의 첫 피시 앤드 칩스 레스토랑

 포르투갈에서 개종을 거부해 망명을 간 '마라노' 유대인들이 16세기에 이미 튀긴 생선 요리를 영국에 전파하긴 했으나, 1860년이 되어서야 튀긴 생선 요리와 감자튀김을 파는 피시 앤드 칩스 레스토랑이 등장했다. 동유럽에서 온 유대인 이민자 요셉 말린은 런던 이스트엔드에서 최초로 튀긴 생선 요리와 감자튀김을 함께 팔았는데, 이후 국립피시프라이어협회에서 최초의 영국식 칩스 레스토랑으로 인정받았다.

 비슷한 시기 랭커셔 지역의 전통적인 칩스 레스토랑에서도 튀긴 생선을 함께 팔기 시작했고, 기차의 등장과 함께 피쉬 앤드 칩스는 전국적으로 큰 인기를 끌었다. 그레이터 맨체스터의 존 리스는 1863년 영국 북부에 첫 피시 앤드 칩스 레스토랑을 연 것으로 알려져 있다.

 1920년 후반이 되자 전국 피시 앤드 칩스 레스토랑의 수는 약 35만 개에 이르렀다. 단백질, 비타민, 탄수화물을 모두 얻을 수 있다는 영양적인 측면과 더불어 맛이 좋아 선풍적인 인기를 끌었고, 2차 세계대전 중에도 그 인기는 계속되었다. 오늘날에는 그 수가 약 9,000개로 줄긴 했으나 영국에서는 여전히 연간 2억 5,000만인분의 피시 앤드 칩스가 팔린다고 한다.

부활 치즈

〈카마던셔의 역사학자〉 매거진의 1979년호에서 프란시스 존스는 웨일즈의 유명한 '부활 치즈'의 유래에 대해 다음과 같이 기록했다.

약 1860~1864년 한 양치기는 주인으로부터 양 두 마리를 가져도 좋다는 허락을 받았다. 그는 양 치즈를 만들고자 했는데 너무 가난해서 치즈 누름틀을 구할 수가 없었다. 결국 멀리 떨어진 교회 묘지로 가 주인을 잃은 묘지석을 주워와 이를 누름틀로 사용해 치즈를 만들었는데, 치즈에는 선명하게 '고인 데이비드 토마스를 기리며'라는 문구가 적혀 있었다. 양치기는 개의치 않고 세인트 클리어스 마을로 가 치즈를 팔기 시작했다. 당시 농가에서 만든 치즈는 맛과 영양이 좋아 인기가 많았고, 특히나 크기가 굉장히 컸는데 반지름이 60센티미터나 되는 경우도 있었다. 곧 양치기 주위로 사람이 모이기 시작했다. 치즈에 적힌 문구를 발견한 사람이 "무덤에서 치즈를 부활시켰군요!"라고 외치자 모두가 깔깔 웃었다. 이후 '부활 치즈'에 대한 소문이 널리 퍼졌다.

● 1861년 ●
거북이 손질법

마담 비튼은 《가정서》에서 다음과 같이 거북이 손질법을 소개했다.

> 거북이 수프를 쉽게 만들기 위해서는 전날 미리 거북이의 머리를 잘라야 한다. 손질을 할 때는 거북이의 등껍질 아래로 칼을 밀어 넣어 몸과 껍질을 분리한다. 내장을 모두 제거한 뒤 뼈에서 살을 발라낸다. 담즙이 터지지 않도록 주의하며 손질하고 살을 모두 발라낸 뒤 깨끗이 씻어 건조시킨다.

《캐비어와 그 외의 요리들》의 저자 안드레 러네이는 "거북이를 손질하는 것은 자동차 엔진에 탄소덩어리를 제거하는 것과 비슷하다"고 기록했다.

거북이 요리는 빅토리아 시대에는 진미로 여겨졌으며, 브라질 일부 지역에서는 이를 주식으로 먹었다고 한다. 다음은 헨리 월터 베이츠의 《아마존 강의 박물학자》에 나오는 내용이다.

> 거북이 고기는 매우 부드럽고 맛이 좋으며 영양에도 좋다. 그러나 너무 자주 먹으면 곧 질린다는 게 문제이다. 지난 2

년간 거북이 요리를 먹으며 난 아무리 배고파도 냄새도 못 견딜 정도로 거북이 요리에 신물이 나버렸다.

거북이 내장은 잘게 다진 뒤 사라파텔이란 맛있는 수프를 만드는데 거북이 껍질을 냄비로 이용해 요리한다. 가슴살은 카사바와 함께 다져 구워 먹는데 그 맛이 아주 좋다. 거북이 위에 다진 고기로 채운 뒤 소시지를 만들기도 하고 거북이 엉덩이 살은 투쿠피 소스를 이용해 다양한 방법으로 요리할 수 있다. 이후 지방이 적은 부위는 식초를 발라 구워 먹으면 별미이다.

— *Recipe* —

영국식 아침식사

마담 비튼은 저서에서 "다음의 요리를 보면 영국의 아침식사가 무엇인지 알 수 있다"라고 기록했다.

고등어나 대구, 청어, 해덕 대구 등의 생선석쇠구이, 양고기나 엉덩이살 스테이크, 양의 콩팥 구이, 콩팥과 다진 파슬리를 버터에 볶은 요리, 소시지, 얇게 저민 베이컨, 베이컨과 수란, 햄과 수란, 오믈렛, 삶은 달걀, 토스트와 수란, 머핀, 토스트, 마멀레이드, 버터 등

윌리엄 서머셋 몸의 "영국에서 잘 먹으려면 하루에 아침식사만 3번 하면 된다"라는 말이 근거 없는 말은 아닌 것 같다.

송아지 머리 요리

다음의 요리는 마담 비튼의 대표적인 메뉴 중 하나인 송아지 머리 요리이다. 비튼은 송아지를 도축하기 전 "날이 화창하다면 송아지를 과수원이나 들판에 풀어둔 뒤 방목을 하면 좋다"라고 권고했다.

1. 머리를 물에 살짝 데친 뒤 꺼내 뭉툭한 칼을 이용해 손질한다.
2. 깨끗이 씻은 뒤 반으로 갈라 뇌를 제거한다. 뼈가 살코기에서 떨어질 정도로 약 2시간 정도 푹 삶는다.
3. 뼈를 제거한 소머리를 접시에 평평하게 놓은 뒤 파슬리, 햄, 삶은 달걀노른자 6개를 층층이 쌓는데 각 층마다 메이스, 넛메그, 후추를 뿌려준다. 돌돌 말아 면보로 감싼 뒤 최대한 꽉 묶어준다.
4. 4시간 동안 삶은 뒤 꺼내 마치 셔츠 칼라를 다리듯이 누름돌로 눌러준다.
5. 차가워질 때까지 식힌 뒤 먹는다.

으깬 파리 비스킷

이탈리아의 애국자 주세페 가리발디를 기리기 위해 런던의 한 쿠키 가게는 새로운 비스킷을 만들었다. 이 비스킷은 커런트 잼을 넣은 납작한 사각형 모양으로 오늘날까지도 '가리발디 비스킷' 또는 커런트의 색 때문에 '파리 무덤', '으깬 파리 비스킷'이라고 불린다.

● 1865년 ●

소시지 결투

프로이센의 총리 오토 폰 비스마르크는 진보 정치가이자 선구적 병리학자인 피르호가 막대한 군대 예산을 비판하자 분노해 결투를 신청했다. 피르호는 두 개의 소시지를 무기로 골랐는데 하나는 보통 소시지였고, 하나는 치명적인 식중독을 일으키는 보툴리누스균이 들어 있는 소시지였다. 피르호는 총리가 소시지를 고르면 남은 소시지를 먹겠다고 했다. 겁먹은 비스마르크는 너무 놀라 결국 결투를 포기했다.

말고기 연회

파리에서는 노동자 계급에게 소나 돼지고기에 대한 대안으로 말고기를 먹게끔 하기 위해 '말고기 콩소메 수프', '말고기 소시지', '말고기 아이스크림' 등의 요리를 선보인 말고기 요리 연회가 열렸다. 나폴레옹 전쟁 중 배고픈 군사들이 때때로 말고기를 먹기도 했으나, 일반 대중에게는 전혀 인기를 끌지 못했다. 에드몽 드 공쿠르는 말고기를 '축축하고 검붉은 색의 고기'라고 묘사했고, 알렉상드르 뒤마는 "말고기가 프랑스에서 사랑받을 일은 결코 없다"고 말한 바 있다. 그러나 1866년 프랑스 정부는 말 도축 전문가들을 양성했고 1870년의 파리 공성전으로 인해 말고기 소비가 증가하기도 했다. 이후 프랑스 거리에는 말머리 조각상을 간판으로 내걸고 말고기를 리본과 조화로 장식해 진열한 말고기 정육점을 쉽게 볼 수 있었는데, 최근에는 수요가 없어 모두 사라졌다.

● 1866년 ●

3톤이나 나가는 맘모스치즈에 대한 단시

'치즈 시인'으로 알려진 캐나다의 아마추어 시인 제임스 맥킨타이어는 거대한 치즈에 관해 유명한 시를 썼다. 이 치즈는 그의 고향인 온타리오의 잉거솔에서 만들어져 토론토, 뉴욕, 영국에서 전시된 바 있다.

치즈의 여왕,
편안히 앉아 부드러운 산들바람을 즐기고 있네.
너무나 아름다워 파리조차 가까이 오지 못하네.

아름답게 차려 입은 치즈의 여왕은
곧 우리를 떠나
토론토의 큰 전시회를 방문해
모두의 감탄을 사게 될 것이다.

치즈의 여왕을 즐겁게 하기 위해
벌 떼만큼이나, 나무의 나뭇잎만큼이나
수많은 젖소가 사용되었네.

그 누구도 치즈의 여왕에 견줄 수 없네.
곧 해리스 씨가 당신을 멀리
파리의 세계 박람회에 보낼 텐데
부디 무사히 돌아오시길.

미리 알아두세요.
어린 아이들이 당신을
무례하게 잡아당기거나
볼을 깨물 수도 있어요.

치즈의 여왕,
당신은 한낮에도 그늘을 만들 수 있어요.

사람들은 아마 당신을 보고
하늘에서 떨어진 달이라고 생각하겠죠.

맥킨타이어는 1828년 스코틀랜드에서 태어나 1841년 캐나다로 이민해 잉거솔에 정착했다. 그는 관을 만드는 장의사였는데 이후 다음과 같은 유명한 시를 써 캐나다의 초기 치즈 산업에 기여했다.

고대의 시인들 그 누구도
그 누구도 얼음과 눈의 땅에
우유가 흐르리라고는 생각도 못했네.
모든 곳이 꽁꽁 어는 이곳에서
그 누구도 치즈는 꿈조차 꾸지 못했네.

위 단시는 토론토의 〈글로브〉에 처음 실렸다. 맥킨타이어는 두 권의 시집을 더 펴낸 후, 1906년에 사망했다. 오늘날 잉거솔 마을에서는 맥킨타이어를 기리며 매년 시 경연대회를 여는데 모든 참가자는 치즈에 관한 시를 써야 한다. 온타리오 문화유적지 위원회에서는 잉거솔 마을 밖에 1866년의 거대 치즈를 기념해 기념비를 세웠다.

● 1867년 ●
세계에서 가장 냄새가 고약한 치즈

림버거치즈는 지금의 네덜란드와 독일, 벨기에의 접경 지역인 림부르흐주의 루돌프 벤커츠에 의해 처음 만들어졌다. 염소젖으로 만든 림버거 치즈의 고약한 냄새는 브레비박테륨을 이용한 발효 과정에서 생긴 것으로 바로 이 균에 의해서 발 냄새가 생기기도 한다. 실제로 2006년의 한 연구에 따르면 말라리아 모기는 림버거치즈와 발 냄새 모두를 좋아하는 것으로 나타났다.

랍스터 폭탄

W. B. 로드는 《게, 새우, 랍스터에 관한 설화》에서 다음과 같은 이야기를 전했다.

> 세포이 항쟁 당시 우리 군의 상자 하나가 적의 손에 넘어갔다. 적은 이 상자 안에 담긴 것이 화약이나 폭탄이라고 생각해 대포에 넣은 뒤 우리를 향해 발포했다. 그리고 총성이 울려 퍼지는 와중에 공중에 랍스터가 날아오르기 시작했다. 그 상자 안에 담긴 것은 포트넘 앤드 메이슨에서 만든 랍스터 통조림이었다!

피지인에게 마지막으로 먹힌 선교사

서섹스에서 온 토마스 베이커 목사는 피지 비티레부섬에서 선교 활동을 펼치다 추장의 머리에서 빗을 빼는 결례를 범하고 말았다. 분노한 원주민들은 그 자리에서 베이커 목사를 토막 낸 뒤 그를 따르던 7명의 피지 원주민 신도와 함께 요리해 먹어버렸다. 베이커는 피지인들에게 먹힌 마지막 선교사로 알려져 있다.

유럽에게 피지는 식인종이 사는 섬으로 알려져 있었는데 수세기 동안 피지 부족 간의 전쟁에서 식인풍습이 흔했기 때문이다. 19세기 초의 악명 높은 추장 라투 우드레 우드레는 총 872명을 먹었다고 전해진다. 그의 아들에 따르면 그는 적의 시신 모든 부위를 다 먹었고 이를 매우 자랑스럽게 여겼다고 한다. 적의 시신을 먹는 식인 '연회'가 열리면 추장은 14개의 갈퀴가 달린 포크를 사용했고 부족민들은 추장이 등장하면 "날 먹으세요!"라며 추장을 반겼다고 한다.

피지의 식인 풍습과 베이커 목사의 끔찍한 죽음은 1911년 피지의 식인종 무리와 선교사에 대한 단편 소설인 잭 런던의 《고래 이빨》의 모티브가 되었다. 다음은 소설의 일부를 발췌한 것이다.

실오라기도 걸치지 않은 야만인들이 선교사에게 달려들어 그를 쓰러뜨렸다. 죽음의 노래가 울려 퍼지고 더 이상 그의 기도를 들을 수 없게 되었다.

오늘날의 피지인들은 대부분이 기독교로 개종했으며 식인 풍습이 있던 과거를 '악마의 시대'라고 부른다. 2003년에는 베이커를 잔인하게 죽인 해당 부족의 추장이 공식적으로 그의 후손들에게 사과를 하기도 했다.

● 1868년 ●
음악과 음식에 대한 사랑 2. 투네도스 로시니

이탈리아의 오페라 작곡가이자 미식가, 아마추어 셰프였던 조아키노 안토니오 로시니가 1868년에 사망했다. 전하는 바에 따르면 오귀스트 에스코피에는 로시니가 죽은 뒤 그를 기리며 버터에 구운 소고기 안심 스테이크 요리에 푸아그라와 송로버섯을 곁들인 '투르느도 로시니'를 만들었다고 한다. 반면에 로시니가 직접 이 요리를 만들었다는 설도 있다.

로시니는 레스토랑에서 식사를 하다 스테이크를 만드는 새로운 방법을 제안했다. 웨이터가 "그렇게 보기 흉한 요리를 손님들 보는 앞에서 내놓을 수 없다"고 대답하자 로시니는

"그럼 내가 벽을 보고 돌아 앉을 테니 그때 요리를 내오라"고 답했다고 한다.

- 《음식과 와인 가이드》중에서

로시니는 송로버섯을 아주 좋아해 이를 '버섯의 모차르트'라고 부르기도 했다. 로시니는 태어나서 단 3번만을 울었다고 말하곤 했는데 처음은 니콜로 파가니니의 바이올린 연주를 들었을 때, 두 번째는 그의 첫 오페라가 야유를 받았을 때, 마지막으로 보트에서 피크닉을 즐기다 송로버섯으로 속을 채운 닭고기 요리를 물에 빠뜨렸을 때라고 한다.

로시니는 엄청난 대식가로도 유명했는데 한 연회에서 훌륭한 요리가 많이 나와 이를 모두 먹은 로시니가 매우 흡족해했다. 연회의 주최자가 모든 코스 요리를 다시 맛보겠냐고 농담 삼아 묻자 로시니는 "네, 지금 바로 시작하죠!"라고 대답했다고 한다.

● 1869년 ●

두리안에 관하여

동남아시아의 과일 두리안은 호불호가 크게 갈리는 과일이다. 박물학자 알프레드 러셀 월리스는 《말레이제도》에서 다음과 같이 두리안을 묘사했다.

'마치 버터 커스터드와 아몬드를 섞은 것 같은 풍부한 맛'이 두리안을 가장 잘 묘사할 수 있는 말이지만 두리안은 크림치즈, 양파소스, 브라운셰리 등 잘 어울리지 않을 것 같은 여러 맛이 합쳐진 맛이다. 또한 그 어떤 과일과도 비할 수 없을 만큼 부드러운 과육을 갖고 있으며 신맛도 아니고 단맛도 아니나 그 자체로 너무나 훌륭해서 다른 맛이 더 필요 없다. 어지럼증 등의 다른 부작용은 없으나 유일한 단점이라 하면 한 번 먹기 시작하면 멈출 수 없다는 것이다. 개인적으로는 두리안 하나를 먹기 위해 이 먼 동방으로 여행을 올 가치가 충분하다고 생각한다.

반면 다른 사람들은 두리안을 하수구, 썩은 양파, 썩은 토사물, 운동 양말 등에 비교했으며 실제로 인도네시아에서는 두리안의 냄새가 고약해 대중교통 이용 시 두리안을 먹는 것이 금지되어 있다. 《미국 의사가 여행한 55개 나라》를 쓴 빅터 헤이저는 다음과 같이 두리안에 대해 기록했다.

친구와 함께 방콕에서 페낭에 가는 길이었다. 트램애는 나와 내 친구 그리고 중국인 한 명밖에 없었는데 트램이 역에 정착하자 중국인 승객이 가방에서 두리안을 꺼내 반으로 갈랐다. 순식간에 고약한 냄새가 가득 찼고 우리는 역무원을 불러 그가 두리안을 밖에서 먹게끔 설득해주길 부탁했다. 역무원의 말을 들은 그는 밖으로 나가 두리안을 먹었다. 그가 기차로 돌아왔을 때 우리는 막 샌드위치를 먹으려고 하던 참이었다. 중국인 승객은 갑자기 코를 막고 손을 내저으며 역무원을 불러 샌드위치 냄새가 고약하니 밖에서 먹으면 안 되냐고 말했다. 그가 너무나 정중하게 두리안을 밖에서 먹으라는 역무원의 요청에 응했기 때문에 우리도 어쩔 수 없이 밖으로 나가서 샌드위치를 먹어야 했다. 우리가 '결코 냄새 나지 않는 샌드위치'를 먹고 다시 트램으로 돌아왔을 때 그는 우릴 보며 싱긋 웃었다.

● 1870년 ●

시금치에 관하여

독일의 과학자 에밀 볼프는 시금치의 철분을 조사해 연구를 발표했는데, 실수를 해 실제 함량보다 철분 함량이 10배나 많게 나왔다. 이로 인해 철분이 가득한 시금치를 먹으면 누구든지 힘이 강해진다는 속설이 생기게 됐다. 엘지 크리슬러 세가의 유명한 캐릭터 뽀빠이는 다음과 같이 시금치에 대한 노래를 불렀다.

나는 선원 뽀빠이

나는 선원 뽀빠이

나는 시금치를 먹어서

힘이 제일 세지.

나는 선원 뽀빠이

뽀빠이가 인기를 끌며 미국에서는 시금치 소비가 30퍼센트나 증가했다. 그러나 1937년 독일의 한 화학자가 볼프 박사 연구의 오류를 발견했고 시금치의 철분 함량이 다른 녹색 식물과 다를 바가 없다는 것이 밝혀졌다.

그러나 2010년 노팅험 트렌트 대학의 마이크 서튼 박사는 그 어디에서도 볼프 박사의 오류 증거를 찾을 수 없다고 발표했다. 흥미로운 점은 사실 세가가 뽀빠이의 주식으로 시금치를 택한 이유는 논란이 되는 철분 함량 때문이 아니라 바로 시금치의 높은 비타민A 함량 때문이었다는 것이다. 실제로 1932년 7월 3일자의 만화에 보면 뽀빠이는 시금치를 날로 먹으며 "시금치에는 비타민A가 가득해서 우리를 튼튼하게 만들지!"라고 말한다.

세가는 시금치와 다른 채소에 비타민이 풍부하다는 것을 알았고, 그 이전에는 동물이나 먹는 것으로 여겨진 채소의 장점을 어른과 어린이 모두에게 홍보하고자 했다. 물론 1935년의 칼 로스의 만화에서처럼 모두가 녹색 채소를 좋아한 것은 아니다.

엄마 : 자, 이건 브로콜리란다.

아들 : 이건 시금치예요. 전 죽어도 안 먹을 거예요!

— *Recipe* —

파리 공성과 기이한 식재료

1870년부터 1871년까지 지속된 파리 공성 기간 동안 꼼짝 없이 포위된 파리의 시민들은 배를 채우기 위해 각양각색의 새로운 메뉴를 개발했다. 헨리 라브셰르는 런던 데일리 뉴스의 특파원으로 다음과 같이 당시 인기를 끌던 신 식재료를 소개했다.

- 말 : 쇠고기를 대신해서 먹음. 쇠고기보다 약간 더 단 맛이 있으나 대체적으로 비슷함
- 고양이 : 토끼와 다람쥐와 맛이 유사하나 고유의 맛이 있음
- 당나귀 : 매우 맛있음. 짭짤한 맛이 있음
- 고양이 : 양파로 요리하거나 라구로 요리하면 훌륭한 식재료가 됨
- 쥐 : 개구리와 토끼의 중간 맛

- 스패니얼 : 양고기와 맛이 비슷하긴 하나 야만적이라 느껴짐

라브셰르는 "이번 공성으로 인해 많은 사람의 환상이 깨질 것이다. 특히나 이전에는 식용으로는 상상도 할 수 없던 동물들이 식탁에 오르게 됐다"라고 덧붙였다.

∽ ∽ ∽

● 1872년 ●
우리 모두를 '훈제청어로' 만드소서

스위스의 목사이자 역사학자인 장 헨리 메릴 다비네가 1872년 10월 21일에 사망했다. 다비네가 젊은 시절 스코틀랜드의 신학자인 토마스 차머스와 함께 스코틀랜드에 머무를 당시 아침식사 메뉴로 훈제청어가 나왔다. 다비네가 훈제청어를 일컫는 '키퍼^{kipper}'의 뜻을 묻자 차머스는 '무엇인가를 보존하거나 보호하는 것'이라는 '킵^{keep}'에서 유래된 말이라고 대답했다. 이후 '키퍼'와 '킵'의 뜻을 착각한 다비네는 차머스의 가족과 함께 아침 기도를 하며 "여기 모인 모든 사람들을 훈제청어로 만드소서"라고 말했다. 사실 차머스의 설명과는 달리 '키퍼'라는 말은 훈제청어의 색인 '청동색'을 일컫는 고어 '키페라'에서 유래한 단어이다.

● 1874년 ●

패커의 진술

1874년 2월 알프레드 패커와 5명의 탐사자는 봄까지 기다리라는 사람들의 충고를 무시하고 금광을 찾기 위해 록키 마운틴으로 향했다. 이후 4월 16일 패커는 인디언 보호사무소에서 홀로 발견됐다. 패커는 록키 마운틴에서 길을 잃고 수일간을 헤맸으며, 먹을 것을 찾다 일행에게 돌아오니 섀넌벨이라는 사람이 광기에 휩싸여 모두를 죽이고는 시신을 먹고 있었다고 진술했다. 패커는 자기방어를 위해 섀넌을 총으로 쏴 죽였다고 말했다.

그 누구도 패커의 허무맹랑한 진술을 믿지 않았으며, 결국 그는 감옥에 갔다. 그러나 탈옥에 성공해 몇 년 동안 도주하다 1886년 붙잡혀 다시 재판을 받았으며, 살인죄로 40년을 선고받았다. 전하는 이야기에 따르면 패커는 죽기 전 채식주의자가 됐다고 한다.

● 1876년 ●

베이크드 알래스카의 기원

'베이크드 알래스카'라는 말은 뉴욕의 델모니코 레스토랑에서 처음 사용됐다. 베이크드 알래스카는 1867년 러시아의 알래스카 땅을 얻은 것을 기념하기 위해 만들어진 디저트로 파운드 케이크 위에 아이스크림을 두껍게 올린 뒤 머랭으로 덮은 디저트이다. 이 요리는 사실 프랑스에 기원을 두고 있으며 프랑스어로는 '노르웨이식 오믈렛'이라고 불린다. 이 레시피의 핵심은 오븐을 매우 뜨겁게 달궈 아이스크림이 녹기 전에 머랭이 녹게끔 하는 것이다.

1969년 헝가리아의 물리학자 니콜라스 쿠르티는 전자레인지를 사용해 베이크드 알래스카의 정반대인 '프로즌 플로리다'를 개발했는데, 안은 뜨겁고 겉은 차갑게 얼린 머랭으로 만든 것이다.

● 1877년 ●

새 요리법

에네스 스위트랜드 달라스는 저서에서 종달새, 비둘기, 물새를 내장째로 요리하는 것에 대해 고대 작가의 말을 빌려 다음과 같이 적었다.

종달새는 조약돌과 모래만 먹고 비둘기는 향나무의 열매와 허브만 먹으며 물새는 공기만 먹는다. 따라서 새를 내장째로 먹는다고 해서 전혀 이상할 게 없다.

● 1878년 ●
프랑스 음식 3. 뇌조 요리에 관하여

에드몽 드 공쿠르는 에밀 졸라가 주최한 연회에 대해 "대체적으로 음식은 매우 맛있었다. 그러나 뇌조 요리는 마치 화장실 물에 요리한 창녀 같은 냄새가 났다"고 기록했다.

● 1879년 ●
자넷호와 수프림 드 볼라이유 자넷

미국의 조지 드롱 중령의 지휘하에 자넷호는 알래스카 반도와 시베리아 동단 사이의 베링해협을 향한 항해를 시작했다. 드롱 중령은 북극해에 도착하면 얼음을 헤쳐 항해할 수 있을 것이라 생각했으나 그의 예상과는 다르게 얼음의 압력으로 인해 배의 선체가 부서져버렸다. 모든 선원은 배에서 탈출해 세 그룹으로 나뉘어 구조를 기다리다가 한 그룹을 제외하고 모두가 죽었다. 드롱 중령은 아사로 인해 야쿠츠크 근처에서 사망한 채로 발견됐다.

1884년 6월 자넷호의 잔해가 그린랜드 근방에서 발견되자 노르웨이의 탐험가 프리드쇼프 난센은 북극의 얼음이 시베리아해로부터 이동한다고 주장했고, 이 가설은 이후 1893년에 시작된 그의 탐사 과정을 통해 증명이 됐다.

탐사를 떠나기 전인 1892년 난센은 당대의 유명한 셰프인 오귀스트 에스코피에와 조우하게 된다. 그리고 바로 이 자리에서 난센에게 자넷호에 대한 이야기를 들은 에스코피에는 '수프림 드 볼라이유 자넷'이라는 요리를 개발했다. 이 요리는 닭가슴살을 얇게 썰어 삶아 타라곤을 뿌려 푸아그라와 치킨 젤리 위에 올린 뒤 얼음 안에 넣는 요리이다. 이 요리는 1896년 난센이 러시아의 최북단에서 헤매다 영국인 탐사단에 의해 구조된 것을 기념하기 위해 처음으로 선보여졌다.

● 1880년 ●
라인의 화이트와인

《유럽 방랑기》에서 마크 트웨인은 "독일인은 라인의 화이트와인을 아주 좋아한다. 개인적으로 이 와인과 식초의 차이점이라곤 라벨이 다르다는 것밖에 없다고 생각한다"라고 기록했다.

간접 식인

이탈리아인 탐험가 루이지 알버티스는 《뉴기니섬》이란 책에서 한 일화에 대해 기록했다. 알버티스의 동료들은 그가 악어를 먹었다고 하자 모두 깜짝 놀라며 식인 동물인 악어를 먹는 것은 간접 식인이라고 말했다. 알버티스는 자신이 먹은 악어는 새끼 악어이기 때문에 결코 사람을 먹었을 리 없다고 그들을 안심시켰다.

미국의 최남단에서는 악어를 이용해 검보(역자 주: 오크라를 넣어 걸쭉하게 만든 수프)를 만들어 먹기도 하는데 가자미와 맛이 비슷하다고 한다.

완두콩 먹는 법

스스로를 '귀족'이라고 밝힌 자에 의해 익명으로 쓰인《좋은 사회의 예의범절과 규칙》에는 완두콩을 먹을 때 반드시 포크의 볼록한 부분을 사용해서 먹어야 한다고 적혀 있다. W. S. 길버트의《루디고어》의 한 등장인물은 "나이프를 이용해 완두콩을 먹는 자는 미개한 자다"라고 말하기도 했다.

● 1884년 ●

엉망인 요리사

《만군의 야훼》등 많은 저서를 남긴 리처드 트렌치가 건강 악화로 더블린의 대주교 자리에서 물러났다. 이후 후임 대주교의 초대를 받아 자신이 이전에 살던 곳에서 저녁을 먹던 트렌치는 아내를 쳐다보며 "이렇게 엉망인 요리사를 고용한 건 당신 실수다"라고 말했다고 한다.

배턴버그 케이크

빅토리아 여왕의 손녀인 헤센 공녀 빅토리아와 바텐버그의 루이 왕자의 결혼을 기념하기 위해 특별한 케이크가 제작됐다. 케이크의 4면 중 2면은 분홍색, 2면은 노란색을 이용해 체크 무늬를 만들었는데 각 면은 바텐버그의 왕자인 루이, 알렉산더, 헨리, 조셉을 상징했다.

루이 왕자는 결혼 후 영국 해군에 들어가 1912년에는 제1군사위원이 되기도 했다. 그러나 1차 세계대전의 발발로 인해 반독일 감정이 악화되자 자리에서 물러났으며, 그의 독일식 성을 영어식인 '마운트배튼'으로 바꿨다. 그러나 '독일 토스트'가 '프렌치토스트'로 이름이 바뀐 것과 달리 바텐버크 케이크는 독일식 이름을 그대로 유지했다.

— Recipe —

튀긴 왕풍뎅이 유충

피터 런드 시몬드의 《전 세계의 식재료》에 따르면 왕풍뎅이 유충은 아주 좋은 식재료이다. 다음은 일부를 발췌한 것이다. 파리의 한 레스토랑에서 왕풍뎅이 유충과 지렁이를 사용한 성대한 연회가 펼쳐졌다. 식초에 재워 흙이나 여러 이물질을 빼낸 왕풍뎅이를 밀가루와 우유, 달걀을 이용해 만든 파이로 둘둘 감싼 뒤 팬에 노릇하게 구운 요리는 바삭하게 구워진 식감이 아주 좋았다. 그 자리에 있던 사람들 대부분 왕풍뎅이 요리를 더 가져다 먹었다.

∽ ∽ ∽

● 1886년 ●
베이크드 빈스의 탄생

하인즈의 베이크드 빈스는 영국의 포트넘 앤드 메이슨에서 최초로 선보였으며, 당시에는 고가의 사치품으로 여겨졌다. 2차 세계대전 이전에는 미국에서 돼지고기와 콩을 함께 먹는 풍습을 따라 돼지고기가 들어 있었지만, 이후 베이크드 빈스가 전쟁 식량으로 배급됨에 따라 콩만 남게 됐다.

● 1888년 ●
찹수이의 유래

서양에 알려진 중국 요리를 일컫는 '찹수이'라는 말은 미국의 〈문학〉이라는 간행물에서 최초로 등장했다. '중국인이 자주 먹는 요리인 찹수이는 닭의 간과 내장, 버섯, 죽순, 숙주 등을 향신료를 사용해 볶은 것'이라고 정의되어 있다. 전해지는 바에 따르면 한 중국인 요리사가 배고픈 백인 철도 건설 노동자와 광부들이 보채자 급하게 있는 재료를 볶아 만들었다. 이 요리를 맛있게 먹은 사람들이 요리의 이름을 묻자 요리사는 '잡동사니'라는 뜻의 '촙수이'라고 대답했고, 이때부터 중국식으로 볶은 요리는 찹수이라고 불리게 되었다고 한다. 흥미로운 이야기긴 하지만 이는 사실은 아니다. 중국 광동 지방의 전통적인 요리인 '찹수이'는 '이것저것 섞은 것'이라는 뜻의 요리로, 광동 지방 중국인들이 19세기 미국 캘리포니아에 계약 노동자로 오면서 전파됐다.

미각이 둔한 사람들에 관하여

드 모파상의 《마담 위송의 장미숲》에는 다음과 같은 글이 나온다.

> 랍스터와 가재의 맛을 구분 못하는 자, 고등어와 대구를 구분 못하는 자는 발자크와 유진 슈를 구분 못하고 군대 행진곡과 베토벤을 구분하지 못하는 것에 비유할 수 있다.

● 1889년 ●

독일인과 맥주

니체는 《우상의 황혼》에서 맥주에 관해 다음과 같이 썼다.

> 이 나라는 천 년간 맥주에 빠져 스스로를 우둔하게 만들어 왔다. 그 어느 나라도 독일처럼 맥주와 개신교를 남용하지 않는다. 이로 인해 독일인은 게으르고 감상적이며 멍청하

게 변했다.

마가리타 피자

1889년 6월 이탈리아의 마가리타 여왕이 나폴리를 방문했다. 나폴리 지역 음식이 먹고 싶던 여왕은 피자 요리사인 라파엘 에스포시토를 궁으로 불렀다. 에스포시토는 올리브 오일, 뱅어, 토마토를 이용해 세 가지의 요리를 만들었다. 그중 토마토를 이용한 요리에는 이탈리아 국기의 색을 표현하기 위해 바질과 모짜렐라치즈를 더했는데, 여왕은 이 요리를 먹고 매우 흡족해했다. 이후 이 요리는 여왕의 이름을 따 마가리타 피자라고 불리게 되었고, 이탈리아 전역으로 퍼지게 됐다. 이전까지만 하더라도 피자는 나폴리 빈민촌의 가난한 사람들이 먹는 요리로 여겨졌는데, 실제로《피노키오의 모험》(1886)의 작가인 카를로 콜로디는 피자를 '기름기 가득한 쓰레기 같은 음식'이라고 말했다.

● 1891년 ●

테오도라와 랍스터 테르미도르

프랑스 극작가 빅토리앵 사르두의 〈테오도라〉가 1891년에 파리에서 초연을 가졌다. 〈테오도라〉는 한 배우가 공포정치 시절 국가 안보기관에 잠입한 뒤 기밀 자료를 파괴해 모두를 구하는 이야기이다. 급진 공화당 의원들은 이 연극이 그들의 영웅인 막시밀리앙 로베스피에르를 비판하자 극장에 난입해 소란을 피웠고, 결국 경찰이 출동해 모두를 대피시켜야 했다. 이후 정부는 모든 공공 극장에서 이 연극의 상영을 금지했다. 이후 토니 기로드라는 셰프는 테오도라에 영감을 받아 '랍스터 테르미도르'라는 요리를 만들었다. 랍스터 테르미도르는 달걀노른자, 코냑을 이용해 크림을 만든 뒤 랍스터를 함께 요리한 것으로 오븐에 구운 치즈와 곁들여 낸다.

물과 와인

이탈리아의 펠레그라노 아르투시는 《주방에서의 과학과 잘 먹는 법》에서 "몇몇 의사들은 와인은 저녁에만 마시라고 권하는데 나는 이것이 지나친 참견이라 생각한다"고 말했다. 또한 G. K. 체스터톤은 《와인과 물》이라는 시에서 다음과 같이 적었다.

노아는 종종 아내에게 말했다.
내 와인만 멀쩡하면 홍수든 뭐든 난 상관 안 해.

● 1892년 ●
슈레디드 휘트의 탄생

콜로라도의 헨리 퍼키가 개발한 슈레디드 휘트(역자 주: 찐 밀을 비스킷 크기로 구운 것)는 아침식사 대용으로 큰 인기를 끌었다. 그리고 이후 《와인, 여자, 결혼》이라는 시에서도 언급됐다.

> 어젯밤 칵테일을 마시며 바라볼 땐
> 그렇게나 다정하던 눈빛이
> 오늘 아침 슈레디드 휘트를 먹으며 바라보니
> 지루하기 짝이 없다.

미국의 코미디언 프레드 알렌은 어느 날 슈레디드 휘트를 먹는 꿈을 꾸다 일어나 보니 매트리스를 씹어 먹고 있었다고 농담을 하기도 했다. 실제로 퍼키는 슈레디드 휘트를 '밀로 만든 매트리스'라고 부르기도 했다고 한다.

● 1893년 ●
토마토는 채소일까, 과일일까

미 대법원장 멜빌 웨스톤 풀러는 "토마토가 과일이냐, 채소냐"라는 매우 중대한 사건에 대한 판결을 내려야 했다. 한참의 심사숙고 끝에 풀러는 토마토는 식물학적으로는 과일이지만, 앞으로는 채소로 간주한다고 판결을 내렸다.

● 1896년 ●

하인즈의 슬로건

헨리 하인즈는 뉴욕에서 우연히 한 신발가게의 간판에 '21가지의 다양한 스타일'이라고 적힌 것을 보고 그의 회사에도 이를 도입하기로 했다. 그는 '하인즈, 57개의 다양한 식품$^{57\ varieties}$'을 슬로건으로 정해 여러 식품을 제공하는 회사의 이미지를 홍보하고자 했다. 하인즈는 '숫자 7이 모든 연령대의 소비자에게 심리적으로 미치는 영향'을 고려해 57이란 숫자를 정했다고 했다. 하지만 사실 이 숫자는 단지 하인즈가 개인적으로 좋아하는 숫자라 한다.

● 1897년 ●

리프라이드 빈

매사추세츠의 한 신문은 멕시코의 콩 요리인 '프리호레스 리프리토'를 '두 번 튀긴 콩'이란 뜻의 '리프라이드 빈'으로 잘못 번역하는 실수를 범했다. '리프리토'는 스페인어로 '튀기다'란 뜻인데, 기자는 이를 '두 번 튀기다'로 생각한 것이다. 오늘날까지 이 요리는 리프라이드 빈이라는 잘못된 이름으로 불리고 있다.

— *Recipe* —

솔 베로니케

앙드레 메사제의 새 오페라 〈베로니케〉의 성공을 기념하기 위해 오귀스트 에스피에는 화이트 와인 크림소스와 머스캣 포도를 사용해 '솔 베로니케'라는 넙치 요리를 선보였다.

1. 버터를 두른 팬에 넙치 필레를 올린다.
2. 다진 타라곤 약간과 드라이 화이트 와인을 두 잔 넣는다. 넙치를 3~4분간 살짝 익힌 뒤 꺼내 따듯한 접시에 옮겨 담는다.
3. 화이트와인이 $\frac{1}{3}$로 줄어들 때까지 끓인 뒤 크림 한 컵과 루를 넣고 저어 진득한 크림소스를 만든다.
4. 넙치를 팬에 올린 뒤 소스를 넣고 표면이 황금색으로 될 때까지 굽는다.
5. 씨를 제거한 머스캣 포도를 반으로 잘라 장식한다.

또 다른 이야기에 따르면 이 요리를 처음으로 개발한 것은 파리 리츠호텔의 총주방장인 맬리였다고 한다. 어느 날 요리 아이디어가 떠오른 그는 보조 주방장에게 이를 알려주고 만들어보라고 했다. 요리를 하던 중 보조 주방장의 아내가 딸을 낳아 베로니케라고 이름을 지었고 멜리는 이를 기념하기 위해 넙치 요리의 이름을 '솔 베로니케'라고 붙였다고 한다.

● 1899년 ●
오이스터 록펠러의 탄생

뉴올린즈의 안토니스 레스토랑의 후계자인 줄스 알시아토레는 굴과 버터, 물냉이, 시금치, 샬롯, 샐러리, 허브와 카엔, 페르노(역자 주 : 아니스 향을 첨가한 프랑스 리큐어)를 이용해 요리를 개발했다. 이 요리의 소스는 맛이 매우 깊고 풍부해 당시 미국에서 최고의 갑부인 록펠러의 이름을 따 '오이스터 록펠러'라고 불리게 됐다(역자 주 : 'rich(리치)'는 '맛이 풍부한'과 '부유한'이란 뜻을 갖고 있음).

키위새 요리

날개 없는 새 키위는 뉴질랜드를 상징하는 새로, 지금은 사냥이 금지되었으나 이전에는 키위새를 먹기도 했다. 다음은 탐험가 찰리 더글라스의 1899년 논문에 나오는 기록이다.

번식을 시작한 키위새는 살이 통통하게 올라 맛이 가장 좋다. 키위새 본연의 맛을 살리려면 많은 노력이 필요한데 약간의 흙 맛이 나 아마 모두가 좋아하지는 않을 것이다. 어떤 이는 '오래된 관에 요리한 돼지고기 맛'이라고 키위새의 맛을 비유했는데 가장 적절한 설명이라 생각한다. 키위새의 알도 고기와 맛이 비슷하다.

또한 키위새의 알은 어미새의 크기 대비 모든 조류의 알 중 가장 크다. 더글라스는 "키위새의 알 하나로 팬을 가득 채울 수 있다"고 기록했다.

Chapter 9
20세기

a Curious History of
맛의 완성을 위해
Food & Drink

● 1900년경 ●

페두와 랍스터

프랑스의 극작가 조르주 페두는 고급 레스토랑에서 시킨 랍스터 요리에 집게발이 하나밖에 없자 크게 화를 냈다. 수조에서 랍스터들끼리 싸우다 집게발을 잃은 것 같다는 웨이터의 말을 듣고 페두는 "그럼 이긴 놈으로 갖다 주시오!"라고 소리쳤다고 한다.

● 1901년 ●

혀 맛 지도의 오류

독일의 과학자 데이비드 하이닉은 혀가 느끼는 맛에 관해 논문을 냈다. 이후 이를 번역한 하버드의 심리학자 에드윈 G. 보링은 "혀의 각기 다른 부분이 4원미인 단맛, 쓴맛, 짠맛, 신맛을 감지한다"고 오역을 했는데 사실 하이닉의 주장은 "혀의 모든 부분이 4원미를 감지하나, 맛을 인식하는 데 시간차가 있다"는 것이었다.

1985년 발효된 피쉬소스를 사용한 우마미(감칠맛)의 개발로 제5의 맛인 '감칠맛'이 발견되었고, 이는 하와이에서 열린 첫 우마미 국제 심포지움에서 소개되어 학계에서 널리 인정받았다.

● 1903년 ●

웨이터의 복수

시카고의 론스타 살롱과 팜 가든 레스토랑은 미키 핀이라는 웨이터가 손님 몰래 술에 진정제를 타 금품을 갈취한 죄로 문을 닫게 됐다. 이로 인해 '미키핀을 당하다'라는 말은 '누군가 내 술에 약을 타다'란 뜻이 됐다.

이후 1918년 시카고의 웨이터들이 안티모니와 타르타르산 칼륨을 섞은 '미키 핀 파우더'를 만들어 팁을 충분히 주지 않은 손님들의 음료에 몰래 섞은 일이 발생했다. 이 음료를 마시면 두통, 현기증, 구토의 증상이 나타나고 심한 경우는 사망까지 이르게 된다. 이 파우더를 만든 사람들은 모두 처벌을 받았다.

돼지고기 혐오자

윌리엄 핼릿은 《돼지고기를 먹으면 발생하는 치명적인 악영향》이란 책을 출판했는데, 이 책의 서문에서 S. G. C.라고 이름을 밝힌 사람은 다음과 같은 글을 적었다.

고대 유대인들은 음식과 의복의 청결을 매우 중요하게 여겨 돼지고기를 먹지 않았고, 이는 당연한 것으로 받아들여졌다. 고대인들조차 먹지 않은 음식을 우리가 먹는다는 것은 충격적인 일이다. 우리는 고대인들보다 더 못한 세계에 살고 있는 것인가? 사회적·과학적 발전에도 불구하고 이렇게 끔찍한 음식이 많은 이들의 사랑을 받고 있다는 것은 실로 참담한 일이다.

햄릿은 성경과 여러 역사적 고증을 통해 돼지고기를 먹지 말아야 한다는 주장을 했는데, 돼지고기를 너무 많이 먹어 손이 곪고 터져 큰 고통에 시달린 소녀의 이야기를 근거로 삼았다.

— *Recipe* —

스크립처 케이크

1903년 에미이 아킨손과 그레이스 홀로이드의 《실용 요리책》에는 성경에 나오는 식재료를 참고해 만든 과일 케이크인 '스크립처 케이크'의 레시피가 소개된다. 이들은 성경을 읽지 않은 사람들을 위해 각 재료가 소개된 성경 구절을 함께 적었다.

1. 밀가루 4.5컵(열왕기 상 5장 2절 : 솔로몬의 하루 양식은 고운 밀가루 서른 코르와 거친 밀가루 예순 코르)
2. 버터 1.5컵(판관기 5장 25절 : 시스라가 물을 청하자 야엘은 우유를 주고 귀한 그릇에 엉긴 젖을 갖다 준다)

3. 향초 줄기 2컵(예레미야 6장 20절 : 스바에서 들여온 향가루, 먼 나라에서 들여온 향초 줄기가 나에게 무슨 소용이냐? 너희가 바치는 번제물이 마음에 들지 않고 너희 제사가 나에게 기쁨이 되지 않는다.)

4. 건포도 2컵(사무엘 상 25장 18절 : 아비가일은 빵 200덩이, 술 두 부대, 요리한 양 다섯 마리, 볶은 밀 다섯 스아(역자 주 : 'five seahs of roasted grain'이라는 성경 구절에서 나오는 것으로 유대인들이 사용하던 고대 단위), 건포도 100뭉치, 말린 무화과 과자 200개를 서둘러 마련하여 여러 나귀에 실었다.)

5. 무화과 2컵(나훔서 3장 12절 : 너의 모든 요새는 첫 열매들이 달린 무화과나무와 같다. 그것들은 흔들기만 하면 먹을 사람의 입에 떨어진다.)

6. 아몬드 1컵(민수기 17장 8절 : 아론의 지팡이에 움이 돋고 순이 나고 꽃이 피어서 아몬드 열매가 열렸더라.)

7. 꿀 2스푼(사무엘상 14장 25절 : 모든 군사가 숲으로 들어갔는데 거기 땅바닥에 꿀이 있었다.)

8. 향신료(역대기 하 9장 9절 : 그러고나서 스바 여왕은 금 120탈렌트와 아주 많은 향료와 보석을 임금에게 주었다. 스바 여왕이 솔로몬 임금에게 준 것만큼 많은 향료는 다시 없었다.)

9. 달걀 6컵(예레미야서 17장 11절 : 올바르지 못한 방법으로 재산을 모은 자는 제가 낳지도 않은 알을 품는 자고새와 같다.

한창때에 그는 재산을 잃고 끝내는 어리석은 자로 드러나리라.)

10. 소금 1꼬집(레위기서 2장 13절 : 너희가 곡식 제물로 바치는 모든 예물에는 소금을 쳐야 한다. 너희가 바치는 곡식 제물에 너희 하느님과 맺은 계약의 소금을 빼놓아서는 안 된다. 너희의 모든 예물과 함께 소금도 바쳐야 한다.)

11. 우유 1컵(판관기 4장 19절 : 시스라는 "목이 마르니 마실 물을 좀 주시오."하고 청하였다. 야엘이 우유가 든 가죽 부대를 열어 마시게 하고서는 다시 그를 덮어주자,)

12. 누룩 3 스푼(아모스서 4장 5절 : 누룩 든 빵을 감사 예물로 살라 바치고 큰소리로 자원 예물을 공포하여라. 이스라엘 자손들아 이런 것들이 너희가 좋아하는 것이 아니냐? 주 하느님의 말씀이다.)

맛있는 케이크를 만들고 싶다면 "아이를 매로 때리면 그의 영혼을 스올에서 구원하리라(잠언 23장 14절)"는 솔로몬의 조언대로 달걀을 사정없이 저어주면 된다(역자 주 : 영어로 'beat'은 '때리다'와 '달걀을 휘젓다'라는 뜻이 있음).

● 1904년 ●

최초의 아이스크림콘

아이스크림콘을 최초로 발명한 사람에 관해 여러 설이 있지만 가장 잘 알려진 이야기는 어니스트 함위의 이야기이다. 미국 세인트루이스 세계박람회에서 페르시아식 패스추리를 팔던 시리아계 미국인 어니스트 함위는 접시가 떨어져 아이스크림을 팔지 못하는 아이스크림 장수에게 그의 패스추리를 콘 모양으로 말아주었는데 맛이 좋아 미국 전역으로 퍼지게 되었다고 한다.

● 1905년 ●

하드 아이스크림의 탄생

어느 겨울 날 샌프란시스코에 사는 11살짜리 소년 프랭크 에퍼슨은 파우더 소다를 탄 물에 휘젓던 스틱을 그대로 놓고 잠이 들었다. 아침에 일어나 보니 추운 날씨 때문에 물이 얼어 막대 달린 얼음과자가 만들어졌다. 1923년 에퍼슨은 자신의 이름을 따 '엡시클'이라는 이름으로 첫 하드 아이스크림을 팔았다. 이후 자녀들의 요청으로 '팝시클'로 이름을 바꾸었다. 현재 팝시클의 상표는 유니레버가 보유하고 있다.

예언

T. 바론 러셀은 《100년 이후》라는 책에서 다음과 같이 예언했다.

육식은 사라지게 될 것이다. 도덕적인 이유가 아니라 생존을 위해 사람들은 점차 술도 마시지 않게 될 것이다. 술의 직간접 영향으로 인해 사람들은 술을 멀리하게 될 것이다.

솜 샌드위치를 처방한 이유

W. T. 퍼니의 《약이 되는 식사》에는 바다에서 수영을 하다 파도에 맞아 의치를 삼켜버린 환자의 이야기가 나온다.

의사는 그에게 빵과 버터 사이에 솜을 얇게 깔아 만든 솜 샌드위치를 일주일 동안 먹으라고 처방했다. 그리고 일주일 뒤 환자에게 대변완화제를 처방하자 의치가 솜에 둘둘 말린 채로 별 어려움 없이 몸 밖으로 나왔다.

● 1906년 ●

악마의 사전

《악마의 사전》에서 앰브로즈 비어스는 다음과 같이 몇몇 식재료를 정의했다.

- 마카로니 : 안은 비어 있는 튜브 모양으로 먹을 음식이 못 됨
- 커스터드 : 닭, 소, 요리사의 사악한 계략으로 만들어진 혐오스러운 음식
- 루바브 : 배앓이의 주범

— *Recipe* —

왕을 위한 요리, 풀라드 생 알리앙스

오귀스트 에스코피에는 매우 복잡하고 화려한 요리를 선보여 '요리사 중의 왕, 왕을 위한 요리사'라는 별명을 얻었다. 다음의 레시피가 보여주듯 에스코피에는 요리가 어떻게 제공되는지에 대해서도 매우 중요하게 생각했다.

우선 어린 암탉은 캐서롤이나 마티뇽(역자 주 : 당근, 양파, 셀러리, 햄, 타임, 월계수잎을 잘게 다진 뒤 버터를 넣어 만든 스튜) 위에 놓고 약한 불의 오븐에 넣은 뒤 고기가 부드럽게 익을 때까지 계속적으로 닭고기 위에 버터를 올려줘야 한다. 요리된 닭고기를 꺼내 접시에 따로 놓고 남은 마티뇽에 송아지고기 육수를 넣고 간을 한 뒤 건더기를 걸러 소스로 사용한다. 버터와 마데이라 와인을 넣고 송로버섯 10개를 요리한다. 닭고기 요리가 준비되면 재빠르게 멧새를 요리하고 푸아그라는 얇게 저며 버터에 살짝 볶는다. 닭고기 요리와

소스, 멧새, 푸아그라 요리를 함께 내놓는다.

웨이터는 3명의 조수와 함께 다음의 방법에 따라 재빠르게 요리를 담아야 한다. 우선 웨이터가 닭고기 요리를 자르는 동안 조수 1은 푸아그라를 각 접시에 담은 뒤 송로버섯 요리와 닭고기를 푸아그라 위에 올린다. 조수 2는 이 접시에 멧새 요리를 담고 조수 3은 이 접시를 각 손님들 앞에 놓는다. 이 과정은 매우 중요하므로 신속하게 진행되어야 한다.

∞ ∞ ∞

● 1909년 ●

음악과 음식에 대한 사랑 3. - 배고픈 콘트랄토

오스트리아인 콘트랄토 에르네스티네 슈만 하인크는 리하르트 슈트라우스의 오페라 〈엘렉트라〉에서 클리템네스트라 역을 맡았다. 슈만 하인크는 음식에 대한 사랑이 남달랐는데 전하는 바에 따르면 이탈리아의 테너 엔리코 카루코는 어느 날 레스토랑에서 거대한 스테이크를 혼자 먹고 있는 슈만 하인크를 발견했다. 카루코가 "그 큰 스테이크를 혼자 다 먹을 건가요?"라고 묻자 그녀는 "아뇨. 감자도 같이 먹을 건데요"라고 대답했다고 한다.

영국인 지휘자 토머스 비첨은 왕성한 식욕과 노래를 잘하는 것이 서로 연관이 있다고 믿어 늘 덩치가 큰 여배우를 주연으로 뽑았다고 한다. 좀 더 날씬한 사람을 뽑는 게 어떠냐는 말에 비첨은 "안타깝게도 새처럼 노래하는 소프라노는 말처럼 먹고, 말처럼 노래하는 소프라노는 새처럼 먹는다오"라고 대답했다고 한다.

푸르스트의 영감의 순간

마르셀 푸르스트는 어린 시절부터 글을 썼지만 특별한 음식을 먹고 깨달음을 얻기 전까지는 스스로의 능력에 대한 확신이 없었다. 푸르스트는 이 순간을 《스왕가 쪽으로》(1913)에서 다음과 같이 묘사했는데, 그에게 깨달음을 준 것은 바로 '마들렌(역자 주: 레몬 제스트로 향을 낸 조개 모양의 쉬폰 케이크)'였다.

> 갑자기 모든 기억이 모습을 드러내기 시작했다. 이 맛은 일요일 아침마다 레오니 고모가 차에 살짝 담가 내게 건네주던 바로 그 마들렌의 맛이었다.

이 경험은 이후 푸르스트가 스스로의 과거에 대해 심층적으로 분석한 대작인 《잃어버린 시간을 찾아서》를 쓰게 되는 계기가 됐다.

마들렌은 18세기 프랑스의 패스추리 요리사인 마들렌 포르미에가 처음 만들었다는 설이 있으나, 그녀가 실제 존재했는지 여부조차 불분명하다. 조개 모양은 기독교의 상징으로 마들렌이라는 이름이 막달라 마리아에서 유래한 것이라고 주장하기도 한다.

● 1911년 ●

밀크 푸딩을 위해

태턴 시크스 경의 슬레더 하우스가 화재로 인해 잿더미로 변하고 말았다. 전하는 바에 따르면 시크스 경은 밀크 푸딩을 너무 좋아해 처음 불이 난 걸 알아차렸을 때도 먹던 푸딩을 마저 먹기 위해 불을 끄지 않았다고 한다.

오징어에 관하여

영국의 작가 조지 더글라스는 《사이렌이 사는 땅》에서 다음과 같이 오징어에 대해 설명했다.

먹물로 가득 찬 머리를 가진 이 생물은 뒤로 헤엄을 친다. 마치 고무 같은 식감을 가진 오징어는 수개월을 씹어도 사라지지 않아 미국의 껌처럼 허기를 달래기에 좋다.

● 1913년 ●
커스터드 파이

영화 속에서 최초로 파이를 던진 건 미국의 코미디 여배우 마벨 노맨드로 그녀는 상대역인 로스코 패티 아버클을 향해 파이를 던졌다. 이후 아버클 또한 파이 던지기의 명수가 되어 두 개의 파이를 정반대 방향으로 던지기도 했다. 코미디 영화를 중심으로 파이 던지기가 유행이 되자 파이 점성을 강하게 만든 파이 던지기용 파이도 등장했다. 한 할리우드 영화에서는 파이를 무려 1,000개나 던지는 장면이 나오기도 한다.

● 1914년 ●
낭비가 없으면 부족도 없다

폴란드 출신의 저명한 인류학자 브로니슬라브 말리노프스키는 1차 세계대전 발발 당시 파푸아뉴기니에 있었는데 오스트리아의 식민 통치로 인해 트로브리안 군도로 망명을 가게 되었다. 이후 말리노프스키는 다음과 같이 당시를 회고했다.

어느 날 한 식인종 부족의 노인과 1차 세계대전에 관해 이야기를 하게 됐다. 그는 그렇게 많은 고기를 어떻게 다 먹을 수 있냐고 물었다. 내가 유럽에서는 같은 인간끼리 서로를 먹지 않는다고 대답하자 그는 공포에 질린 얼굴로 "그럼 아무런 이유도 없이 그냥 야만적으로 사람을 죽인다는 말이에요?"라고 되물었다.

● 1919년 ●
새로운 칵테일의 등장

금주법의 선포에 따라 미국 내 술의 제조와 판매가 모두 금지됐다. 이에 반발해 레스토랑에서는 '푸르츠 칵테일(역자 주 : 여러 과일을 잘게 썰어 담은 것)'이나 '새우 칵테일(역자 주 : 익힌 새우를 차게 식혀 글래스에 소스와 함께 담아내는 것)'과 같이 이름만 칵테일인 메뉴를 개발했다.

금주법은 또한 시저샐러드를 탄생시켰다. 시저샐러드는 미국에서 이탈리아 레스토랑을 운영하던 시저 카르디니의 이름을 딴 것으로 카르디니는 금주법이 발표되자 멕시코 국경 근처로 레스토랑을 옮겨 손님들에게 몰래 술을 팔았다. 어느 여름날 손님들이 너무 많이 몰려 식재료가 떨어지자 있는 재료를 가지고 급하게 샐러드를 만들었다. 양상추, 파마산치즈, 크루통, 달걀, 올리브오일, 레몬주스, 후추, 우스터소스를 이용해 만든 이 샐러드는 이후 전 세계인의 사랑을 받는 전설적인 샐러드가 됐다.

1993년 미 의회에서는 금주법의 효과가 미미하자 결국 금주법을 폐지했다.

● 1921년 ●
닉슨이 채소를 싫어하는 이유
미국의 닉슨 대통령은 어린 시절 12시간에 1달러를 받고 스트링 빈스를 따는 아르바이트를 한 뒤로 평생 동안 채소를 싫어했다고 한다.

● 1922년 ●
차와 물은 따로 따로
다음은 제임스 조이스의 《율리시스》에 나오는 대목이다.

나는 차를 만들 때는 차만 만들고, 물을 끓일 때는 물만 끓여요. 둘을 섞어서 끓이는 건 말도 안 되는 일이죠.

파시스트의 식사
무솔리니의 '검은 셔츠단'은 정권을 장악한 뒤 스파르타식 다이어트의 중요성을 강조했다. 무솔리니는 매 식사는 간소하게 먹고 식사시간이 10분을 넘지 말아야 한다고 주장했다. 실제로 아침과 저녁으로는 우유만을 먹었고 점심에는 고기, 생선이나 오믈렛과 같이 가벼운 요리를 먹었다고 한다. 하지만 사실 그가 이렇게 가볍게 식사를 한 이유는 이념이나 사상 때문이 아니라 오랫동안 그를 괴롭힌 위궤양 때문이었을 가능성이 더 높다고 한다.

● 1924년 ●

영국의 음식 4. 영국식 식사

체코의 작가 카렐 차페크는 《영국으로부터의 편지》에서 다음과 같이 영국 음식에 대해 기록했다.

일반 영국인들의 식사는 '적막함'과 '음침함' 두 단어로 정의할 수 있다. 머스터드소스를 바른 질기고 질긴 소고기를 먹으며 그 누구도 웃거나 말조차 하지 않는다. 푸딩을 먹을 때도 웃는 사람은 아무도 없다.

● 1925년경 ●

변비 치료용 샌드위치

건강에 대한 관심이 높아짐에 따라 한 사업가는 '야채 샌드위치'를 개발했다. 이는 건조 샐러리, 완두콩, 당근, 양배추를 초콜릿으로 코팅한 것인데 포장지에는 상표도 없이 '변비 치료'라는 문구만 쓰여 있었다.

— *Recipe* —

국화 샐러드

《요리의 미학》(1925)의 작가 올가 하틀리와 C. F. 레옐은 '야생화 푸딩'이나 '장미 아이스크림'과 같이 꽃을 사용한 레시피를 소개했다. 다음의 레시피는 국화를 사용한 샐러드이다.

1. 약 20송이의 국화를 깨끗이 씻은 뒤 식초와 소금을 넣은 물에 담가놓은 뒤 꺼내 말린다.
2. 감자, 아티초크, 새우, 케이퍼, 국화를 넣고 식초로 간을 한다.
3. 삶은 달걀과 비트를 이용해 장식한 샐러드 볼에 식초로 간을 한 감자, 아티초크, 새우, 케이퍼, 국화를 담는다. 샤프란을 더해도 좋다.

∞ ∞ ∞

● 1926년 ●

배우의 식사

당대 최고의 영화배우이자 섹스 심볼인 루돌프 발렌티노가 1926년 8월 23일에 사망했다. 작가 엘리노어 글린과 프로듀서인 제시 라스키의 말에 따르면 발렌티노는 한 끼에 다섯 코스의 요리를 먹었고, 남들이 남긴 음식까지 모두 해치우고 나서는 숟가락으로 코를 파곤 했다고 한다. 어느 날 런던의 메이페어 호텔에서 식사를 하던 발렌티노는 손으로 게걸스럽게 식사를 하다 말고 냅킨에 코를 풀더니 갑자기 벌떡 일어나 크게 방귀를 끼고는 "방귀는 참으면 안 되지!"라고 말했다고 한다.

● 1927년 ●

오동통한 구더기

덴마크의 탐험가 쿠느드 라스무센은 그의 저서에서 이누이트족과의 식사 경험에 대해 다음과 같이 기록했다.

> 식사 이후 나온 디저트는 도저히 먹을 수 없는 것이었다. 접시에는 방금 막 사냥한 순록의 가죽에서 떼낸 오동통한 구더기들이 꿈틀거리고 있었다. 이 구더기는 마치 바퀴벌레를 씹는 것과 같은 매우 기분 나쁜 식감을 갖고 있다.

라스무덴을 초대한 이누이트족은 억지로 먹을 필요 없다며 "우리 모두가 서로 각기 다른 풍습을 갖고 있죠"라며 그를 안심시켰다고 한다.

● 1929년 ●

스페인의 와인

데이비드 허버트 로렌스는 리스 데이비스에게 보낸 편지에서 다음과 같이 스페인의 와인에 대해 언급했다.

> 스페인의 와인은 정말로 끔찍하다네. 여기 와인은 마치 나이 든 말의 오줌 같은 맛이 나.

● 1930년 ●

후버돼지

미국 대공황의 시작과 함께 실업률이 급증했다. 텍사스 일부 지역에서는 돼지고기 대신 아마딜로를 먹었는데, 당시 대통령이었던 후버의 이름을 따 '후버돼지'라고 불렀다.

미래주의 요리

미래주의의 창시자인 이탈리아의 시인 필리포 마리네티는 코리노의 한 신문에 《미래주의 요리 선언》이라는 글을 기고했다. 이 글에서 가장 논란이 된 부분은 파스타를 먹지 말아야 한다는 주장이었다. 마리네티는 파스타가 무기력함을 야기하고 나아가 사람들이 무저항주의적이고 수동적 태도를 취하게 만든다고 주장했다. 일부 의사들은 파스타의 지나친 섭취가 비만을 야기하는 것은 사실이라고 동의했으나 이 글을 읽은 이탈리아 국민은 크게 분노했다. 급기야 파스타의 본고장인 나폴리의 시장은 "천사들은 버미첼레 알 포모도르(역자 주 : 나폴리를 대표하는 음식)만 먹는다"며 신문사에 항의하기도 했다. 마리네티는 이 말을 듣고 천국이 얼마나 진부한 곳인지를 알게 됐다며 오히려 그를 비꼬았다고 한다.

그는 또한 포크와 나이프를 사용하지 말아야 하며, 맛보다는 심미적인 가치를 중시해 아름답게 조각된 음식을 먹어야 한다고 주장했다. 마리네티는 또한 '촉각 식사'라는 개념을 소개했는데 스폰지, 코르크, 사포, 펠트 등으로 만든 파자마를 입고 날고기, 초콜릿, 후추, 바나나 등의 예상치 못한 재료로 속을 채운 캐러멜을 먹는 것이었다. 요리를 먹기 위해서는 접시에 얼굴을 파묻고 각기 다른 재료의 질감을 피부로 느껴야 하며 고개를 들면 웨이터가 와서 얼굴을 닦고 향수를 뿌려준다.

— *Recipe* —

성스러운 혀를 위한 요리

마리네티의 《미래주의 요리 선언》에 영향을 받아 토리노에 새 레스토랑이 문을 열었다. 이 레스토랑은 '성스러운 혀를 가진 사람들을 위한 음식점'이라 불렸으며 다음과 같은 메뉴를 선보였다.

::: **직관적 안티파스타** :::

살라미, 버터, 식초로 양념한 버섯, 앤초비, 칠리로 속을 채운 오렌지

::: **적도와 북극** :::

비행기 모양으로 자른 송로버섯으로 장식한 원뿔 모양의 머랭 섬과 적도를 상징하는 날 달걀 노른자

::: **초력**(力) :::

수탉의 벼슬과 고환 요리(여자만 먹을 수 있음)

::: **흥분한 돼지** :::

에스프레소 커피와 오드콜로뉴(역자 주 : 알코올에 감귤 향을 배합한 향수)를 사용한 소스에 재워둔 살라미

∽ ∽ ∽

● 1933년 ●
펭귄 알 요리

모뒤 자작은 《주방의 자작》이라는 책에서 펭귄 알에 대해 다음과 같이 설명했다.

펭귄 알은 칠면조 알 크기로 초록빛이 도는 흰색이며 삶은 뒤 샐러드와 함께 차갑게 먹으면 맛있다. 약 45분간 삶은 뒤 껍질을 벗기면 흰자 부분이 연한 초록색 젤리같이 변하는데 보기 좋을 뿐만 아니라 맛도 좋다.

모뒤 자작은 또한 홍합을 요리할 때는 6펜스짜리 은화를 함께 넣고 요리할 것을 권했는데, 은화가 검은색으로 변하면 홍합에 문제가 있는 것이니 버려야 한다고 했다.

나폴레옹 수하에 있던 장군의 손자인 모뒤 자작은 1893년에 태어났다. 1차 세계대전 때 공군으로 참전한 뒤 영국으로 돌아와 4권의 요리책을 썼으며, 그의 마지막 요리책은 《군용식보다 좋은 음식》이다. 이 책에서는 다람쥐, 제비, 개구리, 솔방울 등 야생에서 쉽게 찾을 수 있는 식재료로 만들 수 있는 요리를 소개하고 있다.

— *Recipe* —
영국의 하이티

루이스 그래식 기본의 《스코틀랜드의 풍경》에는 오후 늦게 차와 함께 요리를 곁들여 먹는 영국의 '하이티'에 대해 언급이 나온다.

차와 함께 다음의 순서대로 요리가 나온다.

우선 소시지와 달걀, 매쉬드 포테이토를 한가득 담은 접시가 나온다. 버터와 치즈를 각각 바른 오트케이크, 스콘, 쿠키가 차례로 나온 후에야 차가 나온다. 차에는 빵, 버터, 크럼펫, 케이크 등이 함께 곁들여진다. 7시 30분쯤이면 너무 배가 불러 잠든 당신을 누군가 와서 깨워 차와 함께 달걀과 소시지를 더 가져다 줄 것이다.

∞ ∞ ∞

● 1934년 ●
북극에서 옥수수죽 만들기

북극 횡단 비행에 성공한 리처드 버드는 남극에서 홀로 다섯 번의 겨울을 보냈다. 기지가 넘치고 용감한 버드였지만 요리에는 재주가 없었던 것 같다. 《나홀로》란 책에서 그는 열심히 만든 푸딩이 고무 같은 맛이 났고, 눌러 붙은 팬케이크를 팬에서 떼어내기 위해 끌을 사용했다는 이야기들을 기록했다. 버드가 만든 최악의 요리는 바로 옥수수 죽이었다.

적당한 양의 옥수수 가루를 냄비에 넣고 물을 넣은 뒤 나는 가만히 서서 옥수수죽이 끓기를 기다렸다. 이렇게 쉬운 요리가 망할 줄 누가 예측이나 했을까? 옥수수죽이 끓자 물이 부족해 보여 나는 바보같이 물을 더 넣었고, 베수비오 화산처럼 죽이 끓어 넘치기 시작했다. 옥수수죽은 주위의 모든 냄비와 팬에 가득 넘쳐 흘렀고 사방에 튀기 시작했다. 곧 나는 머리부터 발끝까지 옥수수죽을 뒤집어쓰게 됐다.

아마 내가 결단력이 없는 남자였다면 옥수수죽에 빠져 익사했을지도 모른다. 나는 재빨리 장갑을 끼고 냄비를 잡아 문 밖으로 멀리 던져버렸다. 용암처럼 부글부글 끓던 옥수수죽은 차가운 바깥 공기에 마침내 조용해졌다.

● 1935년 ●

영국의 음식 5. 양배추를 잘못 요리하는 방법

《와인과 음식》에서 오스카 와일드의 아들인 비비안 홀란드는 "영국의 모든 여자는 양배추를 '잘못' 요리하는 방법에 대해 매우 잘 알고 있다"라고 기록했다. 이후 15년 뒤 영국 〈데일리미러〉의 한 기자는 다음과 같이 썼다.

영국식 삶은 양배추 요리는 싸구려 여인숙 주인이 퇴역군인으로부터 훔쳐 다 쓰러져가는 닭장의 지붕으로 쓰던 낡고 낡은 담요보다도 못한 요리다.

● 1937년 ●
스팸의 탄생

미국의 호멜 식품은 다진 돼지고기 어깨살, 햄, 소금, 물, 감자 전분, 아질산나트륨을 넣어 최초로 스팸을 만들었다. 2차 세계대전 중 스팸은 큰 활약을 했는데, 특히 동맹군의 군사식량으로 사랑받았다. 당시 영국군뿐만 아니라 미군도 스팸을 즐겨 먹었는데 '체력 시험을 통과하지 못한 햄', '훈련을 받지 못한 미트로프' 등의 별칭을 붙였다. 스팸은 미군이 파견되었던 태평양 제도에서는 진귀한 음식으로 여겨지는데 오키나와의 '찬푸루(역자 주 : 야채와 두부 등을 볶은 오키나와 가정 요리)'라는 요리에 사용된다. 또 하와이에서는 스팸을 '하와이 스테이크'라고 부른다.

스팸은 대부분 호멜의 고향인 미네소타의 오스틴에서 만들어지며 이에 따라 오스틴은 '미국의 스팸 마을'이라는 이름을 얻게 됐다. 오스틴에는 스팸 박물관뿐만 아니라 매년 7월 4일 스팸 잼 카니발이 열리며 스팸만을 사용한 요리를 먹을 수 있는 레스토랑도 있다.

텍사스의 오스틴에서는 만우절에 '스패마라마'라는 축제가 열렸는데 이 축제의 요리 경연 대회에 참가자들은 스팸 구아카몰레, 스팸 아이스크림, 스팸 초콜릿 등의 기발한 요리를 선보였다. 사실 스팸은 일반적으로는 가난한 사람들이 먹는 음식이라고 여겨진다. 스코틀랜드에는 '스팸 밸리'란 표현은 겉보기에는 부유해 보이나 실상은 가난한 사람을 일컫는 말이다.

아티초크 왕의 최후

1937월 12월 21일 뉴욕시장 피오렐로 라과디아는 아티초크의 판매, 진열, 소지를 금지하는 법을 발표했다. 이는 마피아 두목이자 캘리포니아에서 아티초크를 산 뒤 뉴욕에서 팔아 큰 이익을 남겨 '아티초크 킹'으로 불리는 치로 테라노바를 몰아내기 위한 법이었다. 테라노바는 갱단인 모렐로 패밀리의 핵심 세력으로 악명이 높아 뉴욕의 청과상인들은 그가 파는 비싼 아티초크를 군말 없이 살 수밖에 없었다. 그러나 1930년대 테라노바의 세력이 기울고 라과디아 시장은 테라노바가 뉴욕에 올 때마다 '부랑죄'를 이유로 체포했다. 이후 1938년 테라노바는 49세의 나이에 뇌졸중으로 사망한다.

테라노바와는 전혀 관련이 없으나 1948년 캘리포니아의 아티초크 페스티벌에서는 노마 진 베이커라는 참가자가 '아티초크 퀸'이 되었는데, 그녀는 이후 전 세계에 이름을 날린 '마릴린 먼로'이다.

● 1940년 ●
어느 잔디 섭취 옹호자의 글

5월 2일자 〈더 타임스〉에는 다음과 같이 J. R. B. 브랜슨의 편지가 실렸다.

> 잔디를 먹는 것에 반대하는 마담 배로우의 편지를 실으셨으니 제 편지도 실어주시길 부탁드리는 바입니다. 저는 3년 넘게 잔디를 먹어왔고 마담 배로우의 주장과는 다르게 두드러기나 그 어떤 질병도 발생하지 않았습니다. 잔디를 먹은 말들도 아무런 증세를 보이지 않았습니다. 저는 잔디의 위생을 매우 중요시 여깁니다.

당시에는 음식에서 최대한 필요한 영양소를 뽑아내는 것이 중요하다고 여겨 다음과 같은 표어가 종종 방송됐다.

> 감자를 요리할 때는
> 껍질째 요리하세요.
> 감자 껍질을 벗기는 모습을 울턴 경(영국 전시내각 식품장관)이 보면
> 아마 크게 노할 거예요.

프랑스의 명예를 지켜라 1

프랑스에서 가장 오랜 역사를 자랑하는 라 뚜흐 다흐정^{La} $^{Tour\,d'Argent}$(역자 주 : 은의 탑)이 1582년에 문을 열었다. 이 레스토랑은 파리를 점령한 독일군으로부터 와인을 지키기 위해 최고의 와인들은 모두 벽 안에 숨겨 놓았다고 한다. 오늘날에도 이곳의 와인 셀러는 높은 평가를 받으며 2009년 기준 레스토랑이 보유한 와인 45만 병의 가치는 약 250만 유로에 달한다. 이 외에도 와인 메뉴가 400페이지에 달하며 1만 5,000여 종의 다양한 와인을 구비하고 있다.

프랑스의 명예를 지켜라 2

페탕의 친독일 세력이 스파로 유명한 마을인 비쉬에 '비쉬 정권'을 세우자 프랑스의 셰프들은 크게 분노하며 '비쉬 스와즈'라 불리는 차가운 수프의 이름을 '크림 골루아즈'라고 바꿔 부르기 시작했다. 하지만 이 이름은 널리 사용되지는 않았다.

음악과 음식에 대한 사랑 4. 테트라치니

이탈리아의 소프라노 테트라치니가 1940년 4월 28일에 사망했다. 테트라치니는 음식 애호가로 잘 알려져 있으며 "늙고 뚱뚱할지라도 여전히 나는 테트라치니야"라는 명언을 남겼다. 테트라치니는 어느날 〈라 트라비아타〉 공연 전 엔리코 카루소와 점심을 거하게 먹었는데, 이후 상대역인 존 맥코맥이 죽어가는 비올레타 역을 연기하는 테트라치니를 부축하다 떨어뜨릴 뻔했다고 한다. 맥코맥이 쩔쩔매자 테트라치니는 깔깔거리며 웃었고, 마침내 맥코맥이 테트라치니를 들어 올리자 관객들도 모두 놀랐다고 한다.

'테트라치니'라는 요리는 닭고기나 해산물, 버섯을 깍둑썰기한 뒤 아몬드를 넣고 버터, 크림, 와인, 파마산소스에 볶아 파스타와 함께 내놓는 요리로 테트라치니의 이름을 땄다. 이 요리는 1910년경 그녀가 오래 머물렀던 샌프란시스코 팔라스 호텔의 총주방장인 어니스트 아르보가스트에 의해 만들어진 것으로 전해진다.

— *Recipe* —

가짜 생선 요리, 목 피시(mock fish)

2차 세계대전 중 식량 부족으로 인해 영국에서는 여러 기발한 요리들이 개발됐다. 다음의 요리는 앰브로스 히스의 요리책에서 소개된 목 피시 레시피이다.

1. 0.5파인트의 우유를 끓인 뒤 쌀가루 2온스, 다진 부추나 양파

1티스푼, 호두 크기만큼의 마가린, 앤초비 에센스를 넣어준다.

2. 20분간 약불에서 끓인 뒤 불을 끄고 잘 휘저은 달걀 1개를 넣고 저어준다.

3. 잘 섞어준 뒤 평평한 접시에 펼치는데 0.5인치 두께 정도가 되도록 한다.

4. 식으면 작게 잘라 피쉬 필레의 모양으로 만든다. 우유를 바르고 빵가루에 굴린 뒤 바삭하게 튀긴다. 파슬리 소스와 함께 내놓는다.

∽ ∽ ∽

● 1941년 ●
과학의 이름으로

독일 나치군의 소련 침공 이후 레닌그라드(역자 주 : 지금의 상트페테르부르크) 근방에 있던 파블로스크 농업 연구소가 독일군의 손에 넘어갔다. 다행히 소련의 연구자들은 막대한 양의 덩이줄기와 종자포대를 레닌그라드로 옮겨놓은 상태였다. 이후 독일군의 레닌그라드 포위로 인해 시민들은 872일간 엄청난 고통 속에서 살아야 했다.

포위가 시작되고 첫 겨울이 왔을 무렵 하루 식량 배급량은 빵 125그램으로 줄었는데 이 빵조차도 절반은 톱밥으로 이뤄

진 것이었다. 이듬해 겨울에는 도시에 새, 쥐, 심지어 애완동물조차도 찾아볼 수 없게 됐다. 굶주린 사람들은 고양이의 내장과 정향으로 우유를 대체할 수 있는 요리를 만들고자 했고, 심지어 공장의 엔진 오일과 기름때를 먹으려는 사람도 있었다. 식량 부족 문제가 너무 심각해지자 사람을 매장하면 동이 트기 전에 시체가 사라진다는 풍문이 돌기도 했다.

1944년이 되서야 포위가 끝났고 총 100만여 명의 시민이 굶주림으로 사망했다. 이들 중에는 인류 모두에게 도움이 될 수 있는 연구소의 식물 종자를 지키려다 굶어 죽은 과학자 12명도 있었다.

파블로스크 연구소는 오늘날에도 국제적 명성이 높으며 딸기, 블랙커런트, 구스베리, 사과, 체리 등 5만여 종의 종자를 보유하고 있다. 그러나 2010년 한 부동산 개발업체가 연구소가 있는 지역에 개인 주택을 짓겠다고 해서 논란이 됐다. 이 업체는 "연구소가 보유한 종자가 '값을 매길 수 없을 만큼 중요하다'는 말은 결국 아무런 값이 없다는 뜻이다"라고 주장했고, 러시아 연방부동산개발청 또한 "연구소가 보유한 종자들이 정부에 등록되지 않았기 때문에 공식적으로는 존재하지 않는다고 봐야 한다"고 개발업체의 편을 들었다.

샴페인을 마시기 좋은 때

자크 볼랭제 샴페인 하우스의 대표인 자크 볼랭제가 사망하자 아내인 릴리 볼랭제가 사업을 이었다. 그녀는 샴페인을 홍보하기 위해 다음과 같이 유명한 말을 남겼다.

나는 기쁠 때도 샴페인을 마시고, 슬플 때도 샴페인을 마셔요. 혼자 있을 때도 샴페인을 마시기 좋고, 친구들이 있을 때는 당연히 마셔야 하죠. 배가 고프지 않을 때는 트리플에 넣어두었다가 배고플 때 마시면 돼요. 그러나 목이 마르지 않는 한 샴페인은 마시지 않아요.

약 150년 전 나폴레옹도 비슷한 말을 했는데 "승리자는 승리의 샴페인을 마셔야 하고, 패배자는 위로의 샴페인 한 잔이 필요할 것이다"라는 명언을 남겼다.

진 40상자를 주문한 이유

일본의 진주만 기습을 규명하기 위한 청문회가 열렸다. 미국의 술꾼 코미디언 W. C. 필즈는 진주만 공습이 발생하자 전쟁에 대비해 진 40상자를 주문했다. 친구가 "그거면 충분하겠어?"라고 묻자 "이 전쟁은 그리 오래 안 갈 테니 이 정도면 충분해"라고 대답했다. 또한 누군가 그에게 왜 물을 안 마시냐고 묻자, "물속에서 물고기들이 얼마나 난잡하게 노는지 아는가? 더러워서 안 마시네"라는 농담으로 응수했다.

● 1943년 ●
시트웰의 달걀

레니쇼의 네 번째 준남작이었던 조지 시트웰이 1943년 7월 9일에 사망했다. 시트웰은 기인으로 유명했으며 많은 글을 남겼다. 또한 음악이 나오는 칫솔, 말벌용 총 등의 기이한 발명품을 많이 만들었는데 그 중 하나는 '시트웰의 달걀'이라고 이름 붙인 가짜 달걀이었다. 시트웰의 달걀은 쌀로 흰자를 만들고 훈제 고기로 노른자를 만든 뒤 가짜 껍질로 감싼 것으로, 그는 이 달걀이 여행자들에게 유용한 간식이 될 수 있다고 생각했다. 시트웰은 이 발명품을 상품화하기 위해 런던 셀프리지 백화점의 소유주인 고든 셀프리지 경을 약속도 없이 찾아갔다. 실크 모자와 드레스 코트를 차려 입어 별 문제 없이 셀프리지 경의 사무실로 들어갈 수 있었지만, 소득은 없는 만남이었다. 또한 시트웰의 집에는 "우리 집에 오는 모든 사람에게 당부합니다. 저의 위장과 숙면을 위해 제발 제 말에 반박하지 마세요"라는 푯말이 붙어 있었다고 한다.

• 1944년 •
듀크 엘링턴의 식사

1944년 6월 24일자 〈더 뉴욕커〉에는 다음과 같이 듀크 엘링턴의 식습관에 대한 글이 실렸다.

체중 때문에 항상 고민하던 듀크 엘링턴은 앞으로는 슈레디드 위트와 홍차만 마시겠다고 선포했다. 하지만 주문한 메뉴가 나오면 그는 침울하게 이를 바라보다 이내 감사기도를 드리고는 맛있게 먹었다. 동료인 빌리 스트레이혼이 스테이크를 먹는 것을 바라보면 그의 굳은 의지는 매번 흔들려 결국 스테이크를 주문하곤 했다. 스테이크를 먹은 뒤 약 5분간 괴로워하다 그는 결국 양파를 곁들인 스테이크, 감자튀김 2인분, 샐러드, 토마토, 버터를 곁들인 랍스타 1마리를 주문한다.

이렇게 거창한 식사가 끝나고 나면 그는 커피와 함께 파이, 케이크, 아이스크림, 커스터드 크림, 패스추리, 푸딩, 과일, 치즈를 모두 담은 '엘링턴식 디저트'를 즐겼다. 이를 다 먹고도 충분하지 않은 경우에는 햄, 달걀, 팬케이크 6장, 와플, 시럽, 비스킷을 더 주문해서 먹곤 했다. 이를 전부 먹고 난 뒤 죄책감에 사로잡힌 엘링턴은 식사의 첫 메뉴였던 슈레디드 위트와 홍차를 다시 시켜 그의 식사를 마무리하곤 했다.

● 1945년 ●
전자레인지의 발명

 미국의 군수기업인 레이시온의 연구원이었던 퍼시 스펜서는 레이더 실험을 하던 중 우연히 주머니에 있던 초콜릿이 마이크로파에 의해 녹는 것을 발견했다. 스펜서는 이를 이용해 팝콘, 달걀 등의 요리를 시도했다. 이후 마이크로파를 보다 집약적으로 사용하기 위해 특수 제작된 강철 상자인 전자레인지를 만들어 특허 신청을 했다. 전자레인지가 처음으로 상업화된 해는 1947년으로 높이 1.8미터에 무게는 무려 340킬로그램이었으며 가격은 약 5,000달러에 달했다.

비버 꼬리

 《야생동물 요리하기》에서 프랭크 애쉬브루크와 에드나 세이터는 다음과 같이 비버의 꼬리와 간을 요리하는 법에 대해 소개했다.

> 비버의 꼬리는 지방이 많아 풍부한 맛을 낸다. 비버의 간은 닭이나 거위의 간보다 크지만 부드럽고 단맛이 매우 유사하다. 비버 고기는 냄새가 좀 나기는 하지만 잘 손질해 요리하면 매우 훌륭한 요리 재료가 될 수 있다. 오래 전부터 사냥꾼들은 비버를 즐겨 먹었다.

미국의 원주민은 비버 고기의 잡내를 없애기 위해 고기를 훈제했다고 한다.

● 1946년 ●

막스와 계산서

버레스크 공연 예술가인 집시 로즈 리는 〈리더스 다이제스트〉에 다음과 같은 일화를 적었다. "하루는 그라우초 막스와 점심을 거하게 먹었다. 테라핀 거북 요리와 와인을 잔뜩 마신 뒤 웨이터가 계산서를 가져오자 막스는 이를 찬찬히 보다 꼬깃꼬깃 접어 설탕을 뿌리고는 한 입에 먹어버렸다."

● 1948년 ●

미국 음식이 최고

미국의 요리비평가 던컨 하인스는 유럽을 다녀온 뒤 미국의 요리가 세계 최고라 주장했는데 아마 그 당시 유럽이 2차 세계대전의 여파로부터 완벽히 회복하지 않아 식재료가 변변치 않았기 때문일 것이다.

이와는 대조적으로 프랑스의 와인 애호가이자 미식가 앙드레 시몬은 1930년대에 유럽을 방문한 뒤 〈음식과 음료$^{Food\ and\ Drink}$〉이라는 잡지에 다음과 같이 기고했다.

미국인은 세계에서 가장 많은 돈을 음식에 쓰지만 유럽의 소작농보다도 영양 상태가 좋지 않다. 프랑스의 중산층은 미국의 엘리베이터 보이 월급의 반도 못 벌지만 영양 상태는 시카고의 백만장자보다도 훨씬 낫다.

크리스마스 선물

워싱턴의 한 라디오 방송국에서는 여러 대사들에게 전화를 걸어 크리스마스에 가장 받고 싶은 선물에 대해 설문조사를 한 뒤 결과를 방송했다. 프랑스 대사는 '세계 평화', 소련의 특사는 '제국주의 노예의 해방'을 답했는데, 이러한 사실을 전혀 몰랐던 영국 대사 올리버 프랭크 경은 "음, 저는 설탕을 입힌 과일을 받고 싶군요"라고 대답했다.

● 1949년 ●

마티니 예찬론

미국의 소설가 버나드 디보토는 〈해퍼스 매거진〉에 다음과 같이 미국인들이 가장 선호하는 칵테일에 대해 적었다.

키스보다도 좋은 게 바로 마티니다. 진과 베르무스가 환상적으로 조합된 마티니는 지구상에 존재하는 가장 완벽한 조합이자 눈 깜짝할 새 사라지는 조합이다.

문예비평가 헨리 루이스 멩켄은 마티니를 '영국 소네트에 견줄 수 있는 미국의 유일하게 완벽한 발명품'이라고 평했고, 동화작가 E. B. 화이트는 '평안함의 묘약'이라고 기록했다. 익명의 작가는 다음과 같이 독한 마티니에 대한 시를 썼다.

마블이 말했다.
마티니는 내 사랑.
두 잔이면 충분해.
세 잔을 마시면 바닥에 눕게 되고
네 잔을 마시면 아침에 모르는 여자가 내 옆에 누워 있게 되지.

마티니의 진과 베르무스의 비율은 점점 높아져 냉전 무렵에는 매우 독한 술이 됐다. 소련의 니키타 흐루시초프는 마티니를 '가장 치명적인 무기'라고 불렀다고 한다.

● 1950년 ●
괴짜의 만찬

괴짜로 알려진 영국의 작곡가 겸 화가이자 작가인 제랄드 휴 티리트윌슨이 1950년 4월 19일에 사망했다. 그는 종종 특정한 색을 주제로 한 만찬을 열곤 했는데, 어느 날 아침에 일어나니 컨디션이 좋아(역자 주 : 영어로 'in the pink'라 함) 분홍색만을 사용한 오찬 연회를 열었다고 한다. 이 연회에서는 비트 수프, 랍스터, 토마토, 딸기 등이 코스 메뉴로 나왔고 밖에서는 분홍색으로 염색시킨 비둘기들이 날아다녔다.

● 1951년 ●
샤를 드 골의 고충

어느날 프랑스의 샤를 드 골은 "치즈만 해도 246개나 되는 나라를 과연 어떻게 통치해야 하나"라며 한숨을 쉬었다고 한다.

꿀개미

F. S. 보덴하이머는 《식재료로써의 곤충》에서 호주의 꿀개미에 대해 다음과 같이 기록했다.

> 원주민들은 꿀이 먹고 싶으면 꿀로 배가 통통해진 꿀개미의 머리를 잡고 입술을 이용해 개미의 배를 꾹 눌러 꿀을 빼먹는다. 처음에는 개미산의 톡 쏘는 맛이 있지만 이내 아주 달콤하고 풍부한 꿀의 맛을 느낄 수 있다.

• 1952년 •

문어

 아서 그림블은 남태평양 길버트 제도의 장교로 있던 시절을 기록한 회고록을 발표했는데, 이 책에서 섬주민들이 문어를 잡는 독특한 방법에 대해 소개했다. 섬사람들은 물속 깊이 들어가 낙지가 죽을 때까지 눈 사이를 꽉 깨물어 낙지를 잡은 뒤 질긴 맛을 없애기 위해 낙지를 사정없이 때렸다. D. H. 로렌스는 "이러한 방법에도 불구하고 낙지의 질긴 맛은 마치 필름을 삶아 먹는 것과 같다"라고 기록했다. 그리고 노엘 카워드는 "낙지와 오징어의 맛은 구분이 잘 안 되는데, 마치 고무를 씹는 맛이어서 한번도 맛있게 먹어본 적이 없다"라고 기록했다.

• 1953년 •

크리스마스 칠면조와 거위

 12월 24일 칼럼니스트 윌리엄 코너는 〈데일리 미러〉에 다음과 같이 칠면조에 대한 글을 썼다.

 칠면조는 멍청한 소리로 사람들을 놀라게 하는 것 외에는 아무것도 하는 게 없는 쓸모없는 동물로, 죽은 뒤에는 심지어 더 무용지물이다. 칠면조 고기는 마치 석고와 말갈퀴를 합친 맛에 식감은 눅눅한 톱밥이나 매트리스를 삶아 놓은 것 같다.

1800년대에는 크리스마스 요리로 칠면조가 아닌 거위를 먹었는데 찰스 디킨스의 〈크리스마스 캐롤〉에는 다음과 같은 장면이 나온다.

보브는 이렇게 큰 거위 요리를 생전 본 적이 없다고 말했다. 거위 요리의 부드러운 육질과 풍부한 맛, 게다가 크기까지 커 모두의 감탄을 사기에 충분했다. 애플소스와 매쉬드 포테이토와 곁들인 거위 요리는 가족 전부가 먹기에 충분한 양이었다. 모두가 배불리 먹었고 특히나 막내아들은 거위 요리에 얼굴을 파묻고 정신없이 먹었다.

- 찰스 디킨스, 〈크리스마스 캐롤〉 중에서

이에 반해 찰스 H. 폴은 "거위는 한 명이 먹기에는 너무 많고, 두 명이 먹기에는 양이 부족해 쓸모없는 식재료이다"라고 말한 바 있다.

● 1956년 ●

마릴린 먼로

남편인 아서 밀러의 부모님과 식사를 하던 마릴린 먼로는 유대교의 전통 음식인 '무교병 수프(역자 주: 누룩을 넣지 않아 발효시키지 않은 빵으로 만든 덤플링 수프)'를 보고는 "병에 걸리지 않는 요리는 없나요?"라고 농담을 했다고 한다.

● 1957년 ●

대식가의 식사

프랑스의 작가, 연출가, 배우이자 제작자였던 이브 미랑드가 1957년 3월 20일에 사망했다. 그는 엄청난 양을 먹곤 했는데 A. J. 리블링은 다음과 같이 기록했다.

미랑드의 제자들은 그가 먹는 양을 보고 경악했다. 미랑드는 우선 바비용 햄(역자 주: 프랑스의 베이언 지방의 와인에 절인 스모크 햄)과 무화과, 소시지, 낭투아소스(역자 주: 백포도주 소스에 아메리칸 소스를 첨가한 소스)를 곁들인 강꼬치 고기, 앤초비로 양념한 양고기 다리, 푸아그라 아티초크 요리, 4~5종류의 치즈, 보르도 와인이나 샴페인 한 병을 순식간에 해치운 뒤, 주인을 불러 아르마냑(역자 주: 프랑스 보르도 지방에서 생산되는 브랜디의 일종)을 한 병 더 시키고는 "오늘 저녁 특선인 종달새와 멧새 요리를 가져다주시고 대하와 가자미 요리, 새끼 멧돼지 스튜 요리도 함께 갖다주시오"라고 했다.

어느 날 미랑드는 "요새는 멧도요 요리나 송로버섯 요리를 제대로 하는 곳을 찾아보기가 힘들어. 와인도 마찬가지야. 34년산은 고사하고 37년산도 찾아볼 수 없다네. 그래서 지난주에 편집장에게는 너무 과분한 와인을 사주었지 뭐야. 요새 와인은 모욕적일 정도로 질이 나쁘거나 최상의 고급 와인 두 종류밖에 없어."

진흙

로버트 뷰챔프는 빅토리아 호수의 진흙은 돼지와 조류 사료로 적합하며, 심지어 인간이 먹어도 좋은 식재료라고 주장했다. 뷰챔프는 그가 분석한 진흙의 영양가는 풍부했으며, 그의 가족과 친구들 역시 꽤 먹을 만하다고 말했다고 기록했다.

● 1962년 ●

우주 식량

미국 최초로 우주 궤도를 돈 존 글렌은 또한 최초의 우주 식량을 먹은 우주인이기도 했다. 최초의 2인 비행 임무를 수행한 우주 비행사 존 영과 거스 그리섬은 큰 비난을 받았는데, 존 영이 몰래 샌드위치를 숨겨 우주선에 탑승했다가 무중력 상태의 우주에서 샌드위치 부스러기가 사방에 퍼져 안전에 큰 위험을 끼칠 뻔했기 때문이다. 존 영은 이 일에 몹시 억울해했는데, 사실 그리섬이 존 영의 샌드위치를 먹으려다 사고를 친 것이기 때문이다.

● 1963년 ●

스페인 요리에 관하여

영국의 소설가 킹슬리 에이미스는 다음과 같이 스페인 요리에 대한 글을 썼다.

> 음식은 아주 형편없었다. 글레이징한 헤신물과 함께 말도 안 되게 질긴 송아지고기가 나왔고 와인 또한 끔찍했다. 개인적으로 스페인 요리는 아무리 먹어도 질리지 않는다고 생각했는데 오늘날의 스페인 요리는 완전히 다른 요리가 되어버렸다. 이전에는 토마토, 양파, 올리브, 오렌지 등 신선한 지역 식재료를 이용해 만든 단순함의 미학이 있는 요리였는데 이제는 더 이상 이런 요리를 찾아볼 수 없게 됐다. 빵도 예전 같지가 않다. 그나마 괜찮은 건 감자 요리, 과일 통조림, 아이스크림, 쉐리 정도이다.

● 1967년 ●

덴마크 요리와 감자

니카 헤이즐턴은 《덴마크 요리책》에서 "덴마크인에게서 삶은 감자를 빼앗는 것은 마치 우는 아기에게서 젖병을 빼앗는 것과 마찬가지다"라고 말했다.

● 1970년 ●

앙드레 시몬의 명언

와인 상인이자 미식가, 작가인 앙드레 시몬이 1970년 9월 5일에 사망했다. 그는 "와인 저장고의 와인을 다 마시지 못하고 죽는 것은 '단명'이다"라는 명언을 남긴 바 있다. 실제로 그가 죽은 뒤 그의 와인 저장고에는 적포도주 두 병만 남아 있었다고 한다.

● 1976년 ●

영국의 음식 6. 사료용 비트와 소기름

토니 헨드라는 영국 음식에 대해 다음과 같은 글을 남겼다.

영국 땅은 기후 때문에 사료용 비트나 소기름 외에는 먹을 만한 것이 전혀 자라지 않는다. 그렇기 때문에 영국인들은 단 10초라도 빨리 외국의 작물 중에서 영국의 땅에서 자랄 수 있는 작물을 찾아 수입하는 것이다.

그는 또한 덴마크의 아침 식사에 대해서도 "덴마크인 말고 과연 그 누가 패스추리에 건자두를 넣으며 발냄새 나는 요리를 '아침식사'라고 부르는 어처구니없는 일을 하겠는가?"라고 말했다.

프랑스 요리 4. 발냄새 나는 치즈

《전 세계의 외국인》이란 글에서 P. J. 오럴그는 프랑스인들을 '아이들에게 와인을 마시게 하는 겁쟁이 그 자체, 달팽이와 발냄새 나는 치즈를 먹는 유약한 땅딴보'라고 묘사한 바 있다. 미국 인형극 시리즈인 〈더 머핏쇼〉에 등장하는 캐릭터인 미스 피기는 《미스 피기의 삶의 지침서》에서 "프랑스의 달팽이 요리는 역겹지만 소스는 매우 맛이 좋다. 그래서 나는 항상 달팽이 요리를 주문할 때 '달팽이는 빼고 소스만 주세요'라고 주문을 한다"고 적었다.

— *Recipe* —

남아프리카식 튀긴 메뚜기 요리

루이 C. 레이폴트는 다음과 같이 남아프리카의 튀긴 메뚜기 요리 레시피를 소개했다.

1. 날개, 머리, 다리를 뗀 뒤 끓는 물에 넣는다.
2. 소금과 후추를 뿌리고(결코 이해할 수는 없으나 어떤 사람들은 시나몬 가루를 뿌리기도 함) 바삭하게 튀긴다.

메뚜기 튀김 요리는 마치 버터를 바른 토스트로 속을 채운 물고기 맛이 난다.

∽ ∽ ∽

● 1977년 ●

남부 요리

로잘린 카터는 남편인 지미카터가 대통령으로 당선되어 백악관에 들어가기에 앞서 고향인 조지아에서 먹는 남부식 요리를 백악관에서도 먹을 수 있는지 물어봤다. 백악관의 셰프는 "걱정 마세요. 여기 청소부들이 매일 먹는 요리가 바로 남부 요리인 걸요"라고 답했다고 한다.

● 1980년경 ●

칵테일의 부흥

1980년 영국에는 새로운 칵테일을 만들어 파는 바들이 큰 인기를 끌었다. 글라스고 출신의 한 남자는 이를 보고 "누가 토해놓은 것 마냥 이것저것 들어간 걸 사람들이 정말 먹는단 말야?"라고 불평했다고 한다.

● 1981년 ●

미국의 음식

사회학자인 프란 레보비츠는 "미국에 갈 때는 음식을 따로 싸가야 한다"고 권고했다. 수십년 전 이사도라 던컨 또한 인터뷰 중 "미국 최고급 호텔에서 식사를 하느니 차라리 러시아에서 보드카와 검은 빵을 먹겠다. 미국인은 음식, 사랑, 예술에 대해 무지하기 짝이 없다"라고 레보비츠와 비슷한 말을 하였다. 영국의 로버드 로빈슨 또한 "미국의 메뉴판에는 요리라고 부를 수 있는 게 아무것도 없다"라며 미국의 요리를 비판했다.

콘티넨털 블랙퍼스트

《미스피기의 삶의 지침서》에는 "콘티넨털 블랙퍼스트는 차나 커피, 작은 빵이 전부이다. 이렇게 먹을 게 없는 블랙퍼스트를 먹을 바에야 차라리 바로 점심을 먹는 게 낫다"는 말이 나온다. 또한 미스 피기는 중국 음식에 대해서는 "왜 뜨개질용 바늘로 음식을 먹어야 하는지 도통 이해할 수가 없다"라고 덧붙였다.

— *Recipe* —
록키 산맥에서 나는 굴, 록키 마운틴 오이스터

1982년 몬타나의 한 마을에서는 최초로 '황소 고환 축제'가 열렸다. 이 행사에서는 약 2톤가량의 황소 고환을 이용한 다양한 요리가 선보였고, 가장 인기 있던 요리는 카우보이들이 즐겨 먹던 '록키 마운틴 오이스터'였다. 이 요리의 레시피는 다음과 같다.

1. 황소의 고환을 물에 넣는다.
2. 껍질을 벗긴 뒤 타원형 모양으로 자른다.
3. 밀가루, 옥수수 가루, 달걀으로 튀김옷을 만들고 소금과 후추로 간을 한 뒤 뜨거운 기름에 튀겨낸다.
4. 후추 소스와 함께 곁들여 낸다.

'고환 요리'는 '프레리 오이스터(초원의 굴)', '카우보이 캐비어' 등의 여러 점잖은 표현으로 불렸으며 프랑스에서는 이를 '아니멜'이라고 부른다.

∽ ∽ ∽

● 1984년 ●
영국의 요리 7. 영국의 차

윌프리드 쉬드는 〈GQ 매거진〉에 '자랑스러운 편견'이라는 글을 기고했다. 다음은 이 글의 일부이다.

> 영국 요리가 별 볼일 없다는 것은 너무나 잘 알려져 있는 사실이다. 이에 따라 암묵적으로 다른 나라에서는 영국의 차만큼은 훌륭하다고 인정해주자고 합의했다. 그런데 사실 차라는 것은 '물 끓이기' 이상의 특별한 재능을 요하는 것은 아니다.

1962년, 마를렌 디트리히 또한 〈마를렌 디트리히의 ABC〉에서 영국인의 독특한 차 사랑에 대해 다음과 같이 적었다.

> 영국인들은 탯줄을 자르지 않는데 그 탯줄로 차가 끊임없이 공급된다. 공포나 끔찍한 불행이 갑작스레 닥치면 차를 한 잔 마시기 전까지는 그대로 가만히 멈춰 있다.

또한 힐레어 벨록은 "만약 차가 상류 문화가 아니었다면 차를 입에도 대지 않았을 거다"라고 말했다.

원숭이 뇌 요리에 관한 오해

음식 평론가인 데렉 쿠퍼는 〈리스너 매거진〉에서 중국의 부자들이 원숭이의 머리를 산 채로 갈라 뇌를 먹는다는 루머가 근거가 없는 것이라고 밝혔다. 음식 평론가인 앨런 데이비슨은 《옥스퍼드 음식백과》에서 사실 이런 루머를 처음 퍼뜨린 사람은 아마 쿠퍼 그 자신일 것이라고 적었다.

● 1985년 ●
아스파라거스 사회학

미국 애리조나대학교의 교수인 빌 랏제는 쓰레기 더미에서 버려진 아스파라거스 줄기를 분석한 뒤 "소득이 높은 집일수록 아스파라거스의 더 많은 부분을 버린다"고 결론을 내렸다.

특별한 빈티지 와인

1787년 산 샤토 라피트가 이 해에 10만 5,000파운드에 낙찰됐다. 1784년산 샤토 라피트의 맛 자체가 그다지 훌륭하지는 않다. 하지만 이를 처음으로 소유했던 자가 바로 미국의 건국의 아버지이자 미국의 세 번째 대통령이 토머스 제퍼슨이었기 때문에 높은 가격에 팔리게 됐다.

위험한 단맛

1985년 오스트리아는 싸구려 와인에 단맛을 더하기 위해

부동액 성분인 디에틸렌 글리콜을 타서 판매하다가 국제적인 망신을 당했다.

● 1990년 ●
조지 부시 1세와 브로콜리

3월 22일 조지 부시 1세는 뉴스 컨퍼런스에서 다음과 같이 말했다.

> 저는 브로콜리를 좋아하지 않습니다. 어릴 때부터 브로콜리를 싫어해 저희 어머니는 늘 억지로 브로콜리를 먹이곤 했죠. 이제부터 저는 미국의 대통령으로 앞으로 다시는 억지로 브로콜리를 먹지 않을 것입니다. 백악관에서 다시는 브로콜리를 볼 수 없게 될 것입니다. 제 아내는 브로콜리를 좋아해서 매일 브로콜리를 먹는데, 앞으로는 백악관 밖에 나가서 브로콜리를 사와야 할 겁니다.

이 말을 듣고 미국의 브로콜리 농장주들은 몹시 분노해 10톤이나 되는 브로콜리를 백악관 앞에 버렸다. 부시 대통령은 이를 보고 "콜리플라워를 얼마나 싫어하는지도 말해야겠군"이라고 농담을 했다고 한다. 부시 대통령은 당근도 매우 싫어해 이를 '주황색 브로콜리'라고 부르곤 했다고 한다.

● 1992년 ●

껌 금지법

싱가포르 정부는 지하철 문에 붙은 껌으로 인해 도시 전체의 대중교통 시스템이 마비될 뻔한 이후로 풍선껌의 수입, 판매, 소지를 금지하는 법을 발표했다. 미 정부의 압력으로 2004년에는 금지 조치를 일부 완화했고 이로 인해 의료용 껌의 제한적 수입이 허용됐다.

● 1993년 ●

크리스 P. 캐롯의 안타까운 사연

동물을 인도적으로 사랑하는 사람들[PETA]은 동물 마스코트를 홍보 활동에 이용하는데 마스코트 탈을 쓴 이들은 종종 페타를 싫어하는 이들의 공격을 받곤 했다. 1994년 9월 아이오와의 더글라스 초등학교의 아이들은 학교를 방문한 페타의 마스코트 크리스 P. 캐롯의 탈 안으로 소고기 육포를 쑤셔 넣으며 캐롯을 괴롭혔다. 이 광경에 충격을 받은 TV 리포터가 "캐롯을 가만 놔두지 못해!"라고 소리치자 아이들은 "페타는 꺼지라고 해요! 우린 고기를 먹을 거예요!"라고 소리치며 황급히 학교를 떠나는 캐롯의 차에 볼로냐 소시지를 던졌다고 한다.

● 1995년 ●

달팽이죽

영국의 창의적인 셰프 헤스턴 블루먼솔이 1995년 '팻덕'이라는 레스토랑을 열었다. 둘째 날에 오븐이 터져 머리에 얼음팩을 맨 채로 요리를 해야 하는 등 시작이 순탄하지는 않았으나, 곧 미슐랭 3스타 레스토랑으로 인정받아 세계적인 명성을 얻게 됐다. 그는 과학적인 접근으로 기존의 요리와는 전혀 다른 방식으로 요리를 했고, 비트루트 크럼블, 베이컨과 달걀을 이용한 아이스크림, 달팽이죽 등의 참신한 요리를 선보였다.

● 1996년 ●

시베리아의 식사

섀론 허진스는 남시베리아에 거주하는 '부랴트족'에 대해 다음과 같이 기록했다.

> 양의 내장 요리가 내 앞에 놓였다. 소의 신선한 우유와 양피, 마늘과 파를 양의 내장에 넣어 속을 채운 뒤 양의 창자를 이용해 묶어 삶은 요리였다. 집주인이 요리를 자르자 채 익지 않은 양의 피가 접시에 쏟아졌다. 그녀는 큰 국자로 반응고된 피덩어리들을 크게 떠서 내게 건네주었다.

• 1998년 •
매미와 샤도네이

박물학자 데이비드 조지 고든은 《벌레 요리법》에서 "미 FDA는 얼린 브로콜리 100그램당 진딧물 60마리, 토마토 주스 200그램당 과일 파리 구더기 3마리, 땅콩버터와 잼을 바른 샌드위치 1개당 벌레 56마리를 허용한다"고 밝혔다. 또한 벌, 개미, 메뚜기, 귀뚜라미 등을 이용한 레시피를 소개했는데, 특히 매미 유충의 경우 아스파라거스 맛이 나 피자 토핑으로 좋다. 그리고 보다 바삭하고 견과류 맛이 나는 성충은 샤도네이 와인 한 잔과 함께 먹으면 좋다고 적었다.

미국에서는 16년에서 17년에 한 번씩 수백만 마리의 매미 성충이 동시에 나타나곤 하는데 일부 요리사들은 전통적인 매미 요리법을 찾아 매미를 요리했다. 매미는 버터와 마늘을 넣고 살짝 볶아 먹기도 하고 바나나 브레드나 루바브 파이에 함께 굽기도 한다. 많은 사람이 가장 선호하는 레시피는 초콜릿에 찍어 간식처럼 먹는 것이다. 2011년 미주리의 한 아이스크림 가게 사장은 흑설탕과 버터를 이용한 아이스크림에 흑설탕과 밀크 초콜릿을 입힌 삶은 벌레를 곁들인 메뉴를 선보였다. 그러나 곧 해당 지역의 보건 관련 부서의 반대에 부딪혔다고 한다.

비엔나 베지터블 오케스트라

비엔나의 젊은 음악가들은 당근, 샐러리, 아티초크, 호박 등의 채소로 만든 악기로 연주를 하는 '베지터블 오케스트라'를 만들었다. 다음은 공식 웹사이트에 적힌 소개글이다.

채소로 만든 악기는 놀라울 만큼 다양한 층의 소리를 냅니다. 청명하면서도 둔탁한 소리, 펑키하면서도 그루인한 소리 등 다양한 소리가 만나 아름다운 하모니를 만듭니다. 베지터블 오케스트라에는 음악적인 한계가 존재하지 않습니다. 컨템포러리, 하우스, 실험적 일렉트로닉, 프리 재즈, 노이즈, 덥, 클릭 앤 컷 등 다양한 장르가 이곳에서 모두 조화를 이룹니다. 앙상블은 더 다양한 장르로 확대되고 새롭게 만들어진 채소 악기는 새로운 방향으로 우리를 인도합니다.

공연이 끝나면 관객들은 악기로 사용된 채소를 이용하여 만든 야채 수프를 먹을 수 있다고 한다.

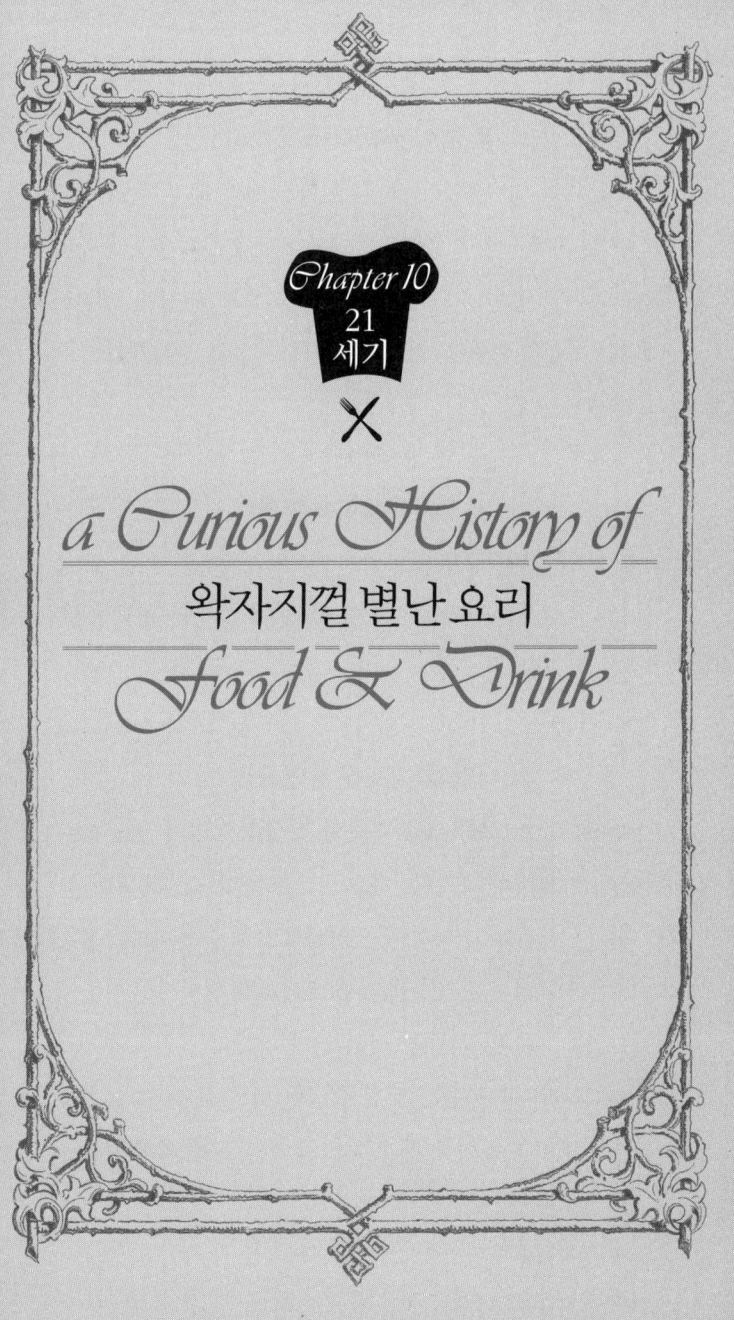

● 2000년 ●

푸룬이 건자두가 되기까지

'노인들의 배변 유도제'라는 이미지 때문에 푸룬(말린 자두)의 판매가 저조하자 캘리포니아의 푸룬협회에서는 푸룬의 이름을 바꾸기 위해 FDA에게 로비를 했고, 마침내 2000년 FDA는 푸룬의 이름을 '건자두'로 바꾸는 것을 승인했다.

● 2001년 ●

부시 대통령의 업적

조지 W. 부시 대통령이 당선 후 가장 처음으로 한 일 중 하나는 바로 백악관 메뉴에 '땅콩버터와 잼 샌드위치'를 추가하는 것이었다.

영국의 새로운 국민 요리

외무부 장관 로빈 쿡은 다문화 정신을 기리며 '치킨 티카 마살라'가 영국의 새로운 국민 요리가 됐다고 발표했다. 비평가들은 치킨 티카 마살라는 외국의 요리를 들여와 세련되지 못한 영국인들의 입맛에 맞춰 조악하게 변형시킨 것에 불과하다며 이에 반발했다. 치킨 티카 마살라는 인도의 레스토랑에서 치킨 티카를 주문한 손님이 너무 퍽퍽하다고 불평을 하자 캠벨의 토마토 수프와 크림, 향신료를 섞어 치킨 요리에 함께 먹을 수 있게 부어준 것에서 유래했다고 한다.

흥미로운 사실은 영국에서 가장 정통 인도 레스토랑이라고 불리는 곳의 대부분이 사실은 방글라데시 사람들이 운영하는 레스토랑이라는 것이다.

아이슬란드의 별미

여행작가 조나단 영은 12월 27일자 〈선데이 텔레그래프〉에 아이슬란드에 대해 다음과 같이 기록했다.

고래고기가 담긴 접시를 내밀며 집주인이 말했다. "이곳에서는 고래 고기에 소변을 본 뒤 4개월간 이를 묻어둔 뒤 꺼내 날 것으로 먹어요." 난 당연히 농담이라고 생각했다. "진짜예요. 아이슬란드의 전통 요리라니까요. 먹어보세요"라고 주인이 말했다. 숨을 참은 채로 삼킨 고래고기는 썩 유쾌한 맛은 아니었다. 암모니아 냄새가 진동하는 썩은 고래고기는 어제 먹은 아침을 토하고 싶어지게 만드는 맛이었다.

● 2003년 ●

세상에서 가장 비싼 샐러드

영국 옥스퍼드의 르 마누아 오 콰 세종의 총주방장인 레이몬드 블랑은 런던의 헴펠 호텔에서 열린 행사에서 특별한 샐러드를 선보였다. 1인분당 들어가는 재료와 가격은 다음과 같다.

> 감자 10펜스, 로마노 페퍼 50펜스, 올리브 오일 50펜스, 코니쉬 게 2파운드, 30년 된 발사믹 식초 3파운드, 작은 바다가재 5파운드, 황금잎 5파운드, 캐비어 9파운드, 골든 캐비어 600파운드(50그램당)

이 요리의 1인분당 가격은 무려 635.60파운드에 달했다. 이 요리에 사용된 골든 캐비어는 러시아에서는 국왕만 먹을 수 있던 요리로 1킬로그램당 가격이 1만 2,000파운드나 된다.

베지버그가 될 뻔했던 도시

함부르크의 동물인권운동가들은 함부르크 시장에게 함부르크의 이름을 '베지버그(채소 도시)'로 바꾸면 1만 유로를 시의 아동복지에 기부하겠다는 제안을 했다. 함부르크의 시 대변인은 "우리가 유머감각이 없는 사람은 아니지만 이렇게 어처구니없는 제안은 듣고 싶지 않다"라고 대답했다고 한다.

퓨헤르와인 소동

영국의 법무부 장관이 이탈리아 정부에 '퓨헤르와인'의 판매를 금지하라고 요청한 일이 발생했다. 이 와인은 매년 대부분 독일 관광객들에게 3만 3,000개씩 팔리는 와인으로 아돌프 히틀러의 초상화와 함께 나치의 슬로건이 라벨에 적혀 있다. 이 와인을 제조하는 양조장은 히틀러뿐만 아니라 무솔리니, 스탈린 등을 기념하는 와인도 팔았다고 한다.

● 2004년 ●

웨일즈 위스키

웨일즈 위스키 회사는 성 데이비드의 날을 기념해 펜더린 싱글 몰트 위스키를 선보였다. 웨일즈에서는 위스키가 웨일즈의 전통이라고 주장하는데, 이 지역에서 보리로 만든 증류주는 '귀로드'라고 알려져 있다. 전해지는 바에 따르면 귀로드는 14세기 웨일즈의 바르드시 섬에서 최초로 증류됐다고 한다. 이후 1705년 펨브룩에 첫 상업용 증류주 공장이 문을 열었고 이 공장 소유주의 아들인 에반 윌리엄스가 미국으로 이민을 가 켄터키에 위스키 산업에 큰 기여를 했다. 이 때문에 일부에서는 '잭 다니엘'이 웨일즈의 뿌리를 가진 술이라고도 주장한다. 웨일즈의 금주운동이 확산됨에 따라 대부분의 증류주 공장은 문을 닫게 됐다.

― *Recipe* ―
오소리 요리법

애니와 장 클라우드 몰리니에는 2004년 발간한 《잊힌 요리》에서 비버 스튜, 고슴도치 구이, 다람쥐 요리 등 잊힌 프랑스 가정식 레시피를 다시 복원했다. 이 책에는 가죽을 벗긴 뒤 3일 동안 강에 담가 놓아야 하는 여우 요리 등이 소개된다. 다음은 오소리 요리의 레시피이다.

1. 아르마냑 브랜디를 이용해 오소리를 플랑베(역자 주 : 브랜디를 붓고 불을 붙여 향이 배게 하는 요리법)한다.
2. 화이트와인, 생강, 달걀과 크림을 넣고 뭉근하게 끓인다.
3. 내놓기 전에 돼지 피 한 잔을 붓는다.

∞ ∞ ∞

● 2006년 ●
북한과 거대 토끼

독일에서 가장 큰 토끼로 알려진 로버트는 무려 무게가 10.5킬로그램이나 나갔으며, 귀 길이는 20센티미터나 됐다. 북한 정부는 식량 부족 문제를 해결할 수 있는 방안을 찾기 위해 이 토끼와 함께 몸집이 큰 토끼들을 북한으로 수입하고자 했는데, 북한을 도와주려고 한 독일인 사육사 칼 스츠몰린스키는 헐값에 토끼를 팔았다. 이후 토끼들이 잘 자라고 있는지 궁금했던 스츠몰린스키가 북한의 사육장에 방문하려 하자 북한 측에서는 방문 요청을 거절했다. 스츠몰린스키는 2007년 1월에 열린 김정일의 생일 연회에서 이 토끼들이 모두 잡혀 먹혔다고 주장했고, 주 베를린 북한대사관에서는 이를 강하게 부정했다고 한다.

● 2007년 ●
뭐든지 먹어 치우는 남자 이야기

'머슈 망주투(역자 주 : 프랑스어로 뭐든 먹어치우는 남자라는 뜻)'로 더 잘 알려진 미셸 로티토가 57세의 나이로 2007년 6월 25일에 사망했다. 그는 철, 유리, 고무 등을 먹는 남자로 유명했는데 살아 있는 동안 자전거, 텔레비전, 쇼핑카트를 먹었고 심지어 2년의 기간에 걸쳐 비행기 1대를 모두 먹어치웠다고 한다. 로티토를 검사한 의사들은 그의 위벽이 일반인보다 두 배나 더 두꺼웠다고 발표했다. 로티토는 엄청난 양의 물과 미네랄 오일을 마셔 너트나 볼트가 무리 없이 몸 밖으로 배출되게 했다.

● 2008년 ●
고환 요리책

세르비아인 요리사 류보미르 에보릭은 《고환 요리책》을 출간했다. 이 책에는 고환 파이 요리가 소개되는데 '가장 중요한 점은 고환을 깨끗이 씻는 것'이라는 권고 사항이 나온다.

● 2009년 ●
위험한 복어 요리

2009년 일본에서는 복어 조리 자격증이 없는 식당에서 복어 요리를 먹은 7명이 호흡곤란과 사지 마비 등을 겪게 됐다. 복어는 제대로 손질하지 않으면 독성이 있는 요리이다.

모든 게 스파게티 덕

날씬한 몸매로 잘 알려진 이탈리아 영화배우 소피아 로렌은 종종 "지금 제 몸매의 비결은 스파게티랍니다"라고 말했다고 한다.

● 2010년 ●
최고가의 위스키

뉴욕의 한 경매장에서 65년산 맥켈란 위스키가 역대 최고가인 46만 달러에 팔렸다. 이 위스키는 크리스털 장인 르네

랄리크가 만든 1.5리터 디캔터에 담겨 있었는데, 수익금은 모두 자선단체에 기부됐다.

● 2011년 ●

사람고기 커리

파키스탄에서 2명의 형제가 24세 여성의 시신을 파낸 뒤 커리로 만든 죄로 체포됐다. 경찰은 이 형제가 아마 어머니의 죽음과 아내와의 결별 등으로 분노해 지난 10년간 이러한 범죄를 계속 해온 것으로 보고 있다. 재미있는 사실은 파키스탄에는 무덤 훼손죄는 있으나 사실상 식인에 관련된 법적 처벌은 없다고 한다.

중국의 폭발하는 수박

중국 동부의 수박 농부들은 성장촉진제를 잘못 사용해 믿기 힘든 광경을 목격하게 됐다. 이 농부들은 우기에 뒤늦게 성장촉진제를 뿌렸는데 수박들이 마치 지뢰처럼 폭발했다고 한다. 리우 밍수오라는 농부는 CCTV와의 인터뷰에서 어느 날 아침에 일어나 농장에 나와 보니 80개의 수박이 터져 있었고, 오후가 되자 20개가 더 터져 사방에 수박 잔해가 퍼져 있었다고 말했다. 중국의 농산물은 지나친 화학 비료 사용으로 악명이 높은데 카드뮴 쌀, 표백제 버섯, 멜라민 우유,

비소 간장에 이어 붕사에 담가 쇠고기 색으로 색을 바꾼 돼지고기 등이 발견되어 큰 파장을 일으켰다.

우주 여행객을 위한 맥주

양조장을 운영하는 호주의 제이런 미첼과 우주항공기술 회사의 제이슨 헬드는 우주에 가져갈 수 있는 맥주인 '보스톡 4파인 스타우트'를 출시했다. 무중력 상태에서 맥주를 마시기 위해서는 많은 장애요소를 극복해야 한다. 우선 혀가 부어 맛을 잘 느끼지 못하며, 흡수된 알코올이 인체에 어떠한 영향을 미칠지 예측할 수 없기 때문이다. 또한 탄산과 맥주가 분리가 되지 않아 트림을 할 때 맥주와 탄산가스가 같이 나올 수도 있다.

와사비 경보장치

일본의 시가 의과대학교의 연구진은 청각장애인에게 화재나 다른 긴급사태를 알릴 수 있는 경보 장치를 개발한 업적을 인정받아 노벨화학상을 수상했다. 이 경보장치는 와사비 희석물을 이용해 아무리 깊이 잠든 사람일지라도 깰 수 있게 만들었다고 한다.

레이디 가가와 모유 아이스크림 소동

런던 코벤트 가든의 아이스크림 가게인 '더 아이스크리미스트'는 개당 14파운드의 새로운 아이스크림을 출시했다. 이 아이스크림은 마다가스카 바닐라 열매와 레몬 제스트를 이용한 것으로 칵테일 잔에 쿠키와 함께 제공된다. 이 아이스크림에는 매우 독특한 재료가 하나 더 들어갔는데 바로 모유이다. 모유를 기증하고자 하는 사람들은 혈액 검사 등의 선발 과정을 거친 뒤 10온스당 15파운드에 모유를 팔았다고 한다. 이 가게에서는 레이디 가가의 이름을 따서 신제품의 이름을 '베이비 가가'라고 했는데, 이는 결국 법정 공방으로 이어졌다. 다음은 이 아이스크림 가게의 사장인 매트 오코너의 언론 인터뷰 중 일부이다.

> 글로벌 슈퍼스타가 '구토를 일으키는' 아이스크림 때문에 불쾌하다고 하는데, 사실 생고기 드레스를 입고 모두를 구역질나게 한 것이 누구인가? 적어도 우리의 '예술적인 아이스크림'에 모유를 기부한 사람들은 산 사람들이지 죽은 동물은 아니었다. 레이디 가가는 우리가 그녀의 인기에 편승하려 한다고 주장하는데 사실 그녀의 외모, 음악, 뮤직비디오 등 모두가 대중 문화 산업 전체를 그대로 '재활용'한 것이 아닌가? 아기들의 옹알이 소리인 '가가'라는 이름의

소유권이 본인에게 있다는 것은 정말 어처구니없는 주장이다.

하지만 이 아이스크림에 불쾌해한 것은 레이디 가가만이 아니었다. 영국의 보건 및 식품 안전 관련 부서 모두 우려를 표했다. 결국 영국 의회에서는 베이비 가가의 재고를 모두 폐기하라는 결정을 내렸다.

역자 후기

다양한 음식을 맛있게 먹는 것을 보여주는 '먹방'과 그 뒤를 잇는 '쿡방'의 인기에서 알 수 있듯이, 명실공히 이 시대 문화 키워드는 바로 '음식'이다. 언제부터인가 우리의 식탁에는 다양한 세계의 음식이 오르게 되었다. 바다 건너 들어온 새로운 음식, 기존 음식과 새로운 음식의 만남으로 생겨난 퓨전 음식의 등장 등 지금 우리는 그 어느 때보다 다양한 음식에 노출되어 있으며 자연스레 그 어느 때보다 열광적인 관심과 호기심을 보이고 있다.

《음식의 별난 역사》는 책의 서문에서 저자가 말하듯 '맛있는 음식을 배불리 먹고 의자에 기대 벨트를 푸는 순간의 행복함을 아는 이들'을 위해 쓰인 책이다. 박학다식한 지식을 자랑하는 저자는 미국, 아프리카와 인도, 중국을 거쳐 영국의 작은 시골 마을에 이르기까지 광범위한 음식의 역사를 연대기별로 소개하며 이와 함께 음식의 별난 탄생 비화를 재미있게 풀어낸다. 뿐만 아니라 과거 문헌에서 발췌해온 다양한 레시피는 때로는 생소하고 때로는 읽는 것만으로도 군침이 돌게 해 독자의 호기심을 자극하기에 충분하다.

자칭 음식 애호가인 옮긴이 역시 이 책을 매우 즐겁게 읽었다. 책을 읽다 말고 호기심을 참지 못해 수 차례 주방으로 달려가 소개된 레시피를 따라 해보았으며(개인적으로 '치킨 테트라치니'를 강력히 추천함), 브리아 샤바랭의 '음식의 즐거움을 아는 이의 얼굴'에 관한 외모 정의 부분을 읽고 나서는 거울을 들고 와 얼굴을 찬찬히 보며 "역시 내가 음식을 많이 먹는 데는 다 이유가 있었어"라며 나름 합리화(?)를 하기도 했다. 책을 읽다 맛있을 것 같은 음식이 소개되면 '음식 버킷 리스트'에 적어 내려갔고, 마침내 런던에 가 궁금했던 '코니시 패스티'를 직접 먹을 때의 그 희열과 감동은 아직도 생생하다. 음식의 별난 탄생 비화는 이 책을 읽는 즐거움의 큰 부분을 차지한다. 많은 이의 사랑을 받는 포테이토칩이 사실은 불평하는 손님을 골탕먹이기 위해 일부러 맛없게 만들려고 했던 음식이라니 이 얼마나 '행복한 우연'인가. 이 책은 이렇듯 우리 주위에서 쉽게 볼 수 있는 음식의 흥미로운 유래와 비화를 소개하며 이를 새롭게 볼 수 있는 기회를 선사한다.

이 책을 번역하는 과정은 전세계의 식도락을 간접적으로 즐길 수 있는 맛집 탐방과도 같았으며, 동시에 음식의 역사와 낯선 식문화에 대한 지적 호기심을 충족 시켜주는 유희적 경험이었다. 독자들 역시 나와 같은 경험을 할 수 있기 바라며 끝으로 이러한 기회를 마련해 주신 레몬컬쳐의 이도은 대표와 출간을 위해 많은 노력을 기울이신 정은아 편집 팀장님, 박은숙 디자이너께 감사의 말씀을 전하고 싶다. 덧붙여 영국 음식에 관한 내용이 나올 때마다 열정적으로 설명해주며 번역에 도움을 준 나의 영국인 약혼자에게도 감사의 마음을 전한다.

옮긴이 김시원

음식의 별난 역사

초판 1쇄 발행 2015년 9월 10일
2판 1쇄 발행 2016년 5월 17일

지은이 이안 크로프톤
옮긴이 김시원
펴낸이 이도은

펴낸곳 LEMON CULTURE
출판신고 2013년 12월 26일 제305-2013-000038호
전화 02-744-5212 **팩스** 02-744-5213
e-mail lemonculture@hanmail.net

ISBN 979-11-951868-7-7 03900

이 책은 저작권법에 따라 보호를 받는 저작물이므로 무단 전재와 무단 복제를 금지하며, 이 책의 전부 또는 일부를 이용하려면 반드시 저작권자와 레몬컬쳐의 서면 동의를 받아야 합니다.

잘못된 책은 구입하신 서점에서 바꿔드립니다.
책 값은 뒤표지에 있습니다.

만든 사람들
디자인 박은숙
편 집 정은아